누구나
쉽고 재미있게

사고력 수학

노크

A4
(8~9세)

해결전략

이 책을 보시는 부모님들께

머리가 좋아야 수학을 잘 한다는 말이 있습니다. 또, 수학을 잘 못하는 아이는 아빠, 엄마의 머리를 물려받아서 그렇다는 등의 난데없는 유전자 논쟁이 벌어지기도 합니다. 하지만 많은 사람들의 일반적인 생각과는 달리 이는 근거없는 이야기입니다. 외국의 한 연구 기관에서 언어, 사회, 수학, 과학의 네 가지 분야 중 어떤 것이 아동의 선천적 재능에 영향을 받는지 조사한 연구 결과를 발표했는데 일반적인 예상과는 다르게 선천적 재능에 영향을 받는 순서는 사회, 언어, 과학, 수학 순이었습니다. 다시 말해, 수학은 여러 학문 분야 중 선천적인 재능보다는 후천적인 환경이나 교육자, 학습자의 노력에 가장 큰 영향을 받는 학문이라 볼 수 있습니다. 수학의 가장 기본이 되는 '수 영역'의 예를 들어 보겠습니다. 아이들이 수를 처음 접하는 시기의 차이는 있지만 실제 수에 대한 감각과 수를 다루는 연습은 생활 속에서의 체험이나 다양한 활동, 학습 속에서 이루어집니다. 즉, 수학의 가장 기본이 되는 수는 선천적으로 가진 재능과는 거의 연관이 없으며 자라나면서 어떤 환경에 놓이는지, 얼마나 많이 수를 생각할 수 있는 기회가 있는지, 나이에 맞는 올바른 학습을 만날 수 있는지에 좌우됩니다. 그러므로 아이의 수학적 발달에 문제가 있다면, 그 아이가 누구를 닮아서 그런지, 지능이 떨어지는지를 따질 것이 아니라 수학적 힘을 기를 수 있는 학습 환경을 어떻게 만들어줄 것인가를 고민해야 합니다.

국제영재교육연구소의 랜즐리 소장은 영재의 기준을 마련하기 위해 여러 연구를 시행한 결과, 영재의 공통적인 특징들을 발견하였습니다. 첫째는 115 이상의 지능지수(IQ), 둘째는 창의력(Creativity), 셋째는 동기적 요소라고 부르는 끈질긴 근성과 과제집착력이었습니다. 이들 세 가지 요소 역시 선천적으로 타고 나는 부분도 물론 있겠지만 대부분 후천적인 학습이나 교육 활동을 통해 기를 수 있는 능력이라는 데에 이의를 제기하기는 힘듭니다.

이처럼 수학적 능력은 후천적 학습 환경에 주로 좌우되며, 특히 어린 시절에는 그러한 경향이 더더욱 두드러집니다. 하지만 우리의 아이들을 둘러싼 수학적 환경을 다시 한 번 돌아봅시다. 초등학교를 들어가기 전부터 과도한 학습량과 무의미한 반복 활동, 이후의 수학 학습에 오히려 방해가 될 정도로 무리한 선행 학습 등의 환경은 아이의 수학적 힘을 길러주기보다는 수학에서 가장 중요한 창의적 사고력을 기를 수 있는 기회를 박탈함과 동시에 수학에 대한 흥미를 급속하게 떨어뜨리게 하여 수학으로 문제를 해결하려는 의지, 즉 수학적 동기를 스스로에게 부여하는 것을 불가능하게 만들어 버립니다. 중요한 것은 남들보다 먼저, 그리고 더 많이 수학적 지식을 머리 속에 주입하는 것이 아니라 태어나서부터 누구나 가지고 있는 수학에 대한 관심, 그리고 수학으로 생각하는 힘을 일깨워주는 것입니다.

수학을 잘할 수 있는 힘,

수학적 잠재력은 이미 여러분 아이들의 머릿 속에 줄곧 있어왔습니다. 단지 어떤 아이는 그것을 찾아내어 드러낼 수 있었고, 어떤 아이는 꼭꼭 숨긴 채 평생 드러나지 않을 뿐입니다. 이러한 수학적 잠재력에 대한 참신한 자극 – 생각을 두드리는 '노크'를 제안하려 합니다. '노크'는 수학적 지식과 스킬만을 무리하게 밀어넣지 않습니다. 왜 수학을 해야 하고, 어떻게 수학으로 가능한지 끊임없이 스스로 생각하게하는 계기로서의 활동이 되려 합니다. 일상으로부터 괴리된 학문으로서의 수학이 아닌, 삶을 살아가며 반드시 키워야 할 논리적, 합리적 사고력을 기를 수 있는 누구에게나 가장 중요한 경쟁력으로서의 수학을 주장합니다. '노크'야말로 새로운 수학 학습의 길을 보여주는 방향타가 될 것입니다.

한 현 조

똑!똑! 사고력 수학
노크의 구성

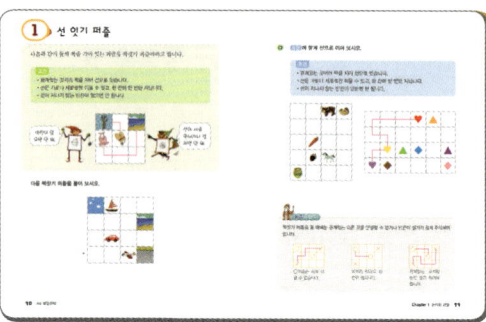

시작 : 생각열기

사고력 수학 주제에 맞는 수학적 상황, 수학사, 생활 속 수학 이야기 등의 자유로운 형식으로 흥미를 유발하고, 수학적 사고를 자극하는 주제별 프롤로그

노크 포인트

문제 해결의 핵심적 원리를 '콕!' 집어서 간결하게 요약한 사고력 수학 주제별 포인트

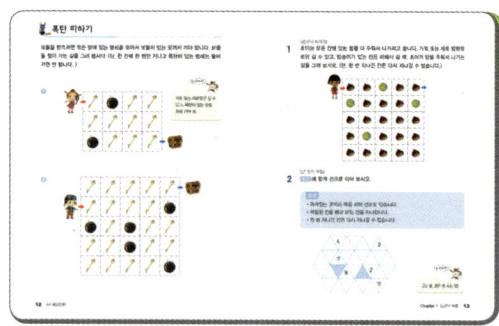

전개 : 유형 탐구

사고력 수학의 대표 유형을 노크만의 새로운 방법으로 차근차근 한 단계씩 익히고 해결하는 단계적 유형 탐구와 이를 통해 익힌 방법적 원리를 적용, 확장하는 확인 문항

수학 요정들의 친절한 충고와 꼬마 요괴들의 밉살스럽지만 유용한 조언으로 어려운 발전 문항의 해결을 돕는 문제 해결 도우미 박스

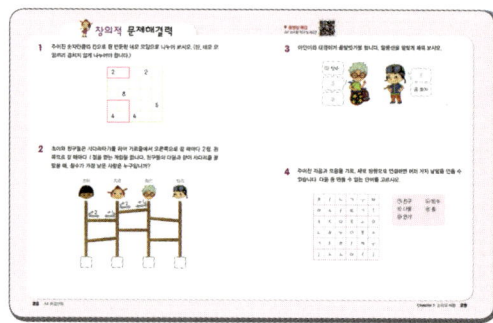

발전 : 창의적 문제해결력

3개의 사고력 수학 주제를 갈무리하는, 한 차원 높은 창의력과 복합적인 사고력을 요구하는 발전 문항의 끝판왕

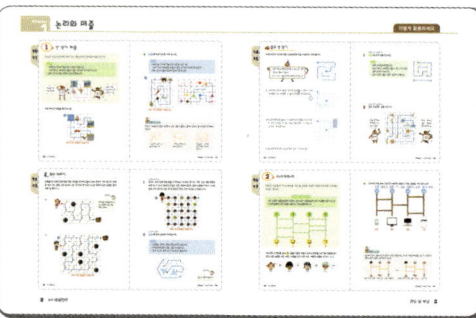

마무리 : 정답 및 해설

본문에 그대로 첨삭된 정답과 간략한 풀이 과정을 통한 사고력 수학 활동 피드백으로 마무리

노크
캐릭터 소개

지식을 되찾기 위해 노크랜드로 떠난 모험가 친구들

일단 저지르고 보는 거야!

난 궁금한 건 절대 못 참아.

태경
활동파 리더

지오
호기심 공주

초이
조용한 전략가

침착하게 위기를 벗어나야 해.

생각으로 아주 멀리까지 날아가.

아인
꼬마 천재

마법사 멀린과 수학 요정

마법사 멀린

노크랜드의 지식의 수호자. 지식을 파괴하려는 대마왕의 음모에 맞서 모험을 떠난 친구들의 든든한 조력자.

아르키메데스

페르마

플라톤

파스칼

피타고라스

가우스

유클리드   **오일러**

대마왕과 꼬마 요괴

대마왕

노크랜드의 지식의 파괴자. 세계를 차지하기 위해 모든 지식을 없애버리려고 하는 요괴들의 두목.

딴소리

한입

장난

딴짓

멍하니

잠만자

울보

거꾸로

이 책의 차 례

CONTENTS

Chapter

1

논리와 퍼즐

선 잇기 퍼즐

다음과 같이 둘씩 짝을 지어 잇는 퍼즐을 짝짓기 퍼즐이라고 합니다.

다음 짝짓기 퍼즐을 풀어 보시오.

2 조건에 맞게 선으로 이어 보시오.

> **조건**
> • 관계있는 것끼리 짝을 지어 선으로 잇습니다.
> • 선은 가로나 세로로만 이을 수 있고, 한 칸에 한 번만 지납니다.
> • 선이 지나지 않는 빈칸이 있으면 안 됩니다.

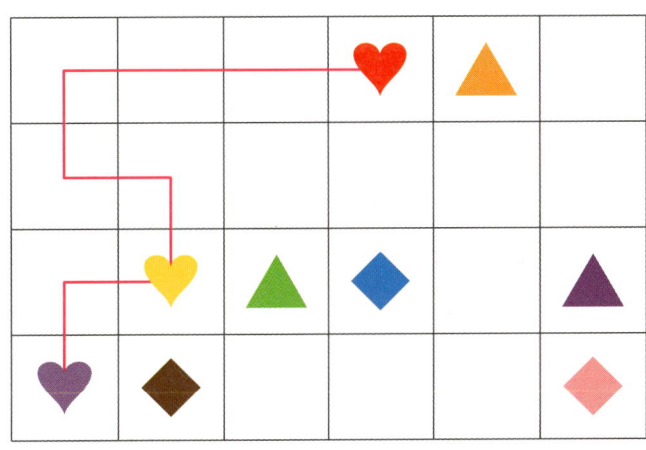

노크 포인트

짝짓기 퍼즐을 풀 때에는 관계있는 다른 것을 연결할 수 없거나 빈칸이 생기지 않게 주의해야 합니다.

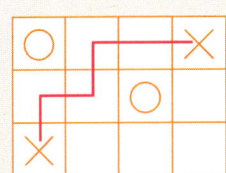
○끼리는 서로 이을 수 없습니다.

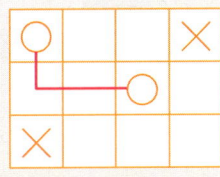
×끼리 이어도 빈칸이 생깁니다.

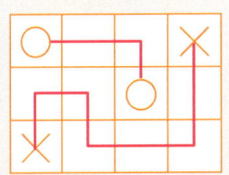
관계있는 것끼리 빈칸 없이 이어야 합니다.

폭탄 피하기

보물을 얻으려면 모든 방에 있는 열쇠를 모아서 보물이 있는 곳까지 가야 합니다. 보물을 찾아 가는 길을 그려 봅시다. (단, 한 칸에 한 번만 지나고 폭탄이 있는 방에는 들어가면 안 됩니다.)

1

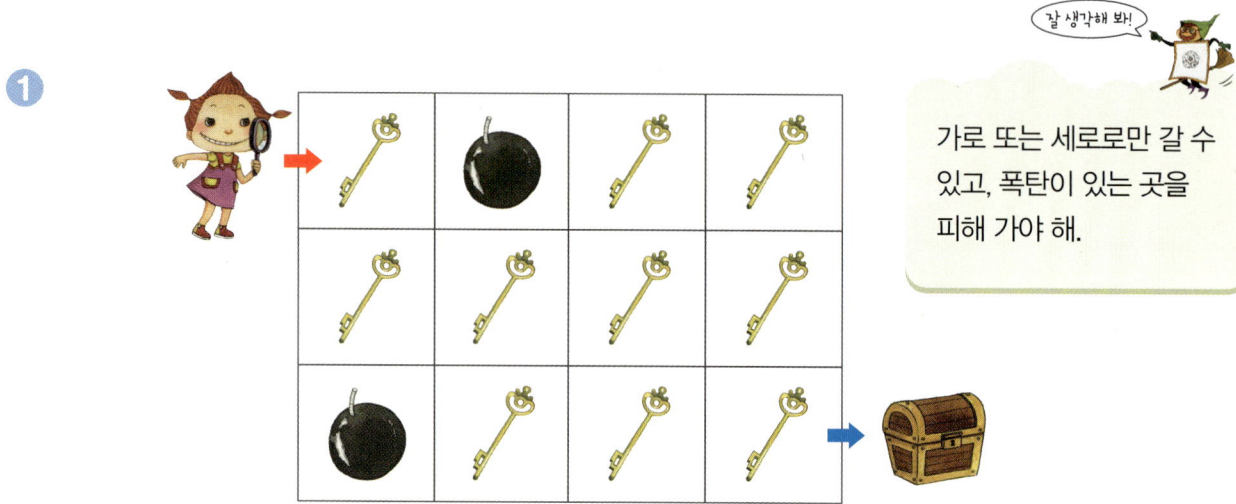

잘 생각해 봐!

가로 또는 세로로만 갈 수 있고, 폭탄이 있는 곳을 피해 가야 해.

2

1 초이는 모든 칸에 있는 밤을 다 주워서 나가려고 합니다. 가로 또는 세로 방향으로만 갈 수 있고, 밤송이가 있는 칸은 피해서 갈 때, 초이가 밤을 주워서 나가는 길을 그려 보시오. (단, 한 번 지나간 칸은 다시 지나갈 수 없습니다.)

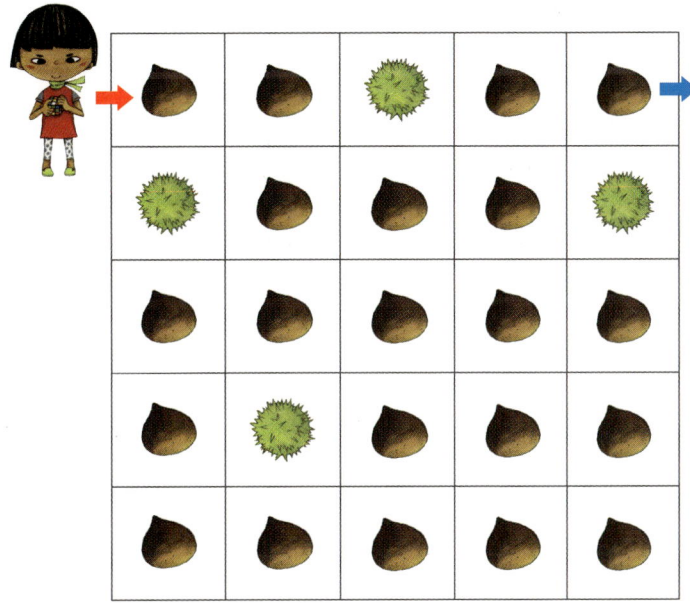

[선 잇기 퍼즐]

2 조건 에 맞게 선으로 이어 보시오.

> **조건**
> • 관계있는 것끼리 짝을 지어 선으로 잇습니다.
> • 색칠한 칸을 빼고 모든 칸을 지나갑니다.
> • 한 번 지나간 칸은 다시 지나갈 수 없습니다.

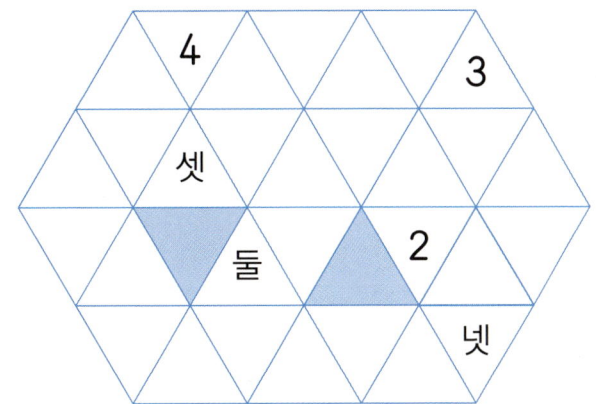

잘 생각해 봐!

2는 둘, 3은 셋, 4는 넷!

같은 것 잇기

수학 요정의 카드에 적힌 조건에 맞게 같은 도형끼리 이어 봅시다.

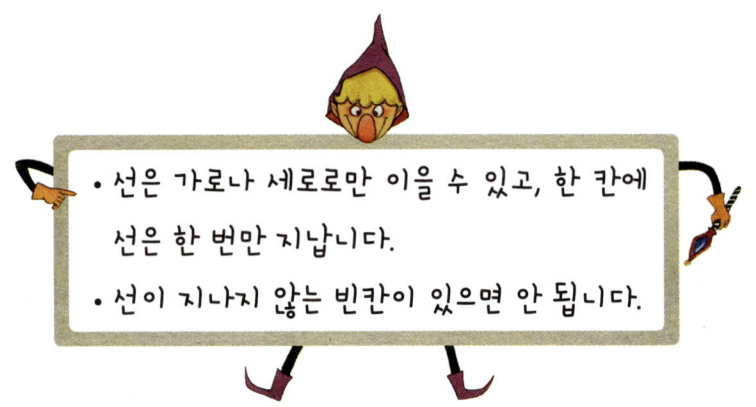

- 선은 가로나 세로로만 이을 수 있고, 한 칸에 선은 한 번만 지납니다.
- 선이 지나지 않는 빈칸이 있으면 안 됩니다.

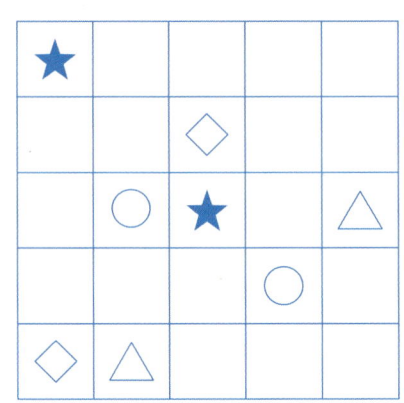

❶ 오른쪽과 같이 ★을 이으면 연결할 수 없는 도형이 생깁니다. 연결할 수 없는 도형을 찾아보시오.

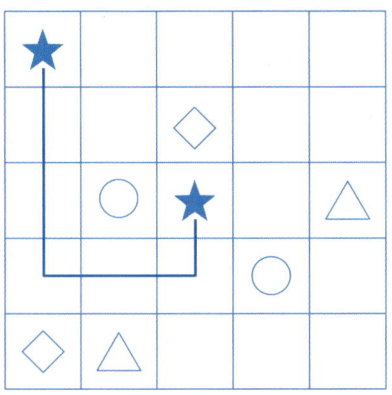

❷ 오른쪽과 같이 ★을 이으면 다른 도형을 모두 이어도 선이 지나갈 수 없는 칸이 생깁니다. 이 칸을 모두 찾아 색칠하시오.

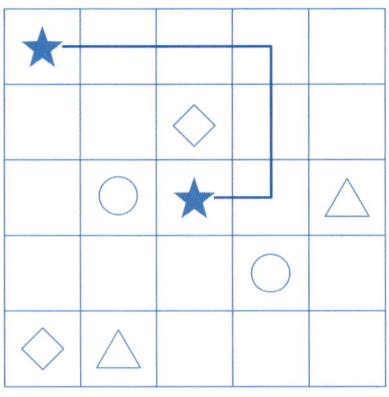

❸ 조건에 맞게 같은 도형끼리 모두 이어 보시오.

[같은 숫자 연결하기]

1 조건에 맞게 선을 이으시오.

조건

- 같은 숫자끼리 연결합니다.
- 선은 가로나 세로로만 이을 수 있고, 한 칸에 선은 한 번만 지납니다.
- 선이 지나지 않는 빈칸이 있으면 안 됩니다.

3	5			
			4	
	4		3	
			5	
2				2

[같은 그림 연결하기]

2 같은 그림끼리 선을 이으시오.

선은 한 칸에 한 번만 지나 갈 수 있어.

선이 지나지 않는 빈칸이 있으면 안 돼.

2 사다리타기

지오는 친구들과 아이스크림을 사러 갈 사람을 정하기 위해 사다리타기 게임을 하려고 합니다.

사다리타기 게임의 규칙

각자 선택한 세로줄을 따라 아래로 내려가다가 가로줄을 만나면 가로줄을 따라가고, 다시 세로줄을 만나면 아래로 내려가는 것을 되풀이합니다.

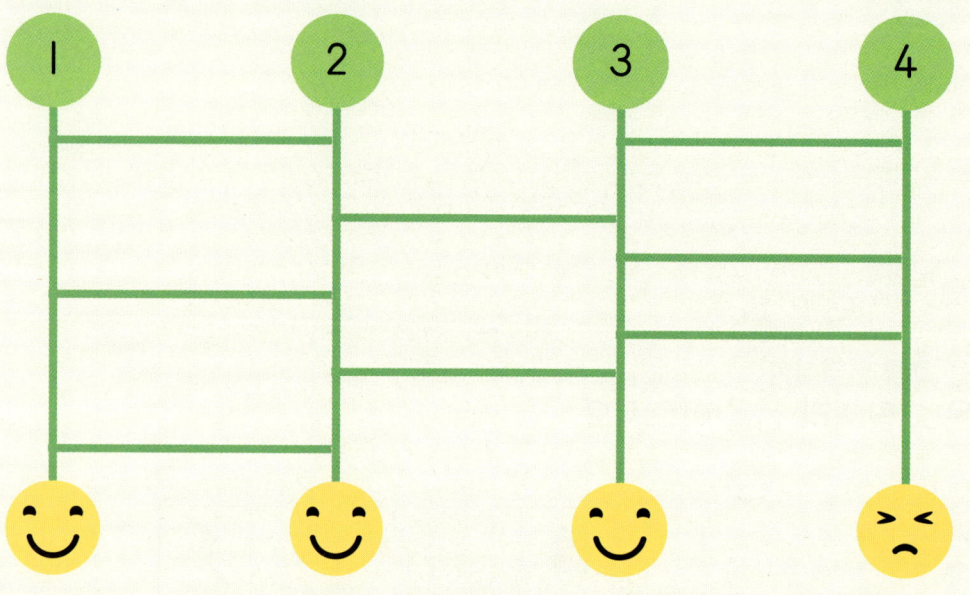

사다리타기 게임을 해서 😣 얼굴이 걸린 사람이 아이스크림을 사오기로 하였습니다. 각자 고른 번호를 보고 아이스크림을 사러 가야 하는 사람의 이름을 쓰시오.

지오 3번 초이 1번 태경 4번 아인 2번

사다리타기를 해서 1등부터 4등까지 받을 수 있는 선물을 각각 찾으시오.

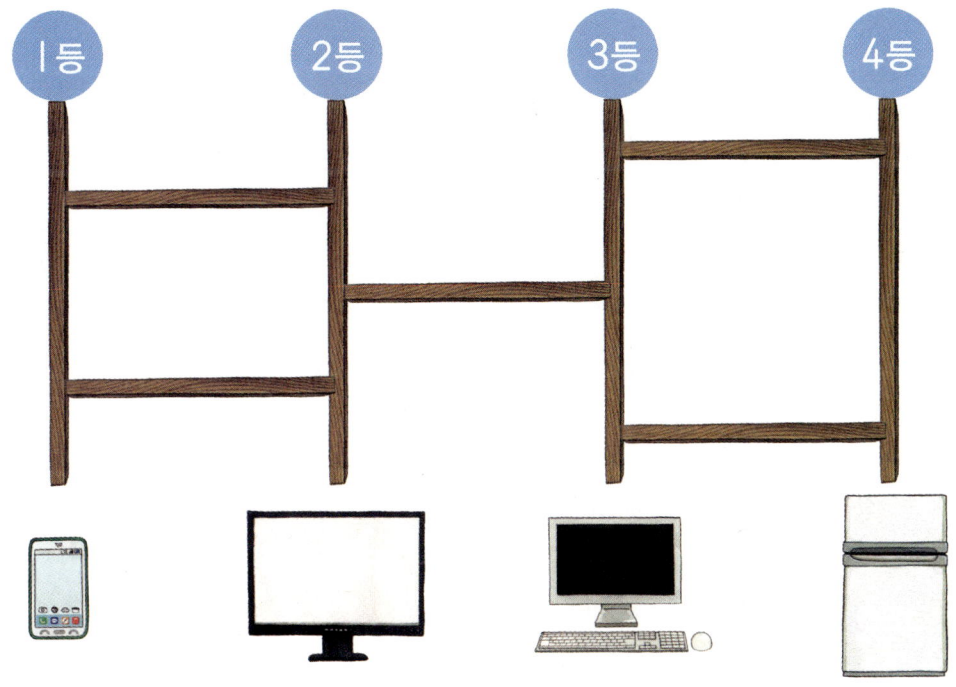

노크 포인트

사다리타기는 한 사람이 하나씩 결과가 나오는 게임입니다. 사다리 그림에 가로줄을 하나 더 그리면 두 사람의 결과가 처음과 서로 바뀌게 됩니다.

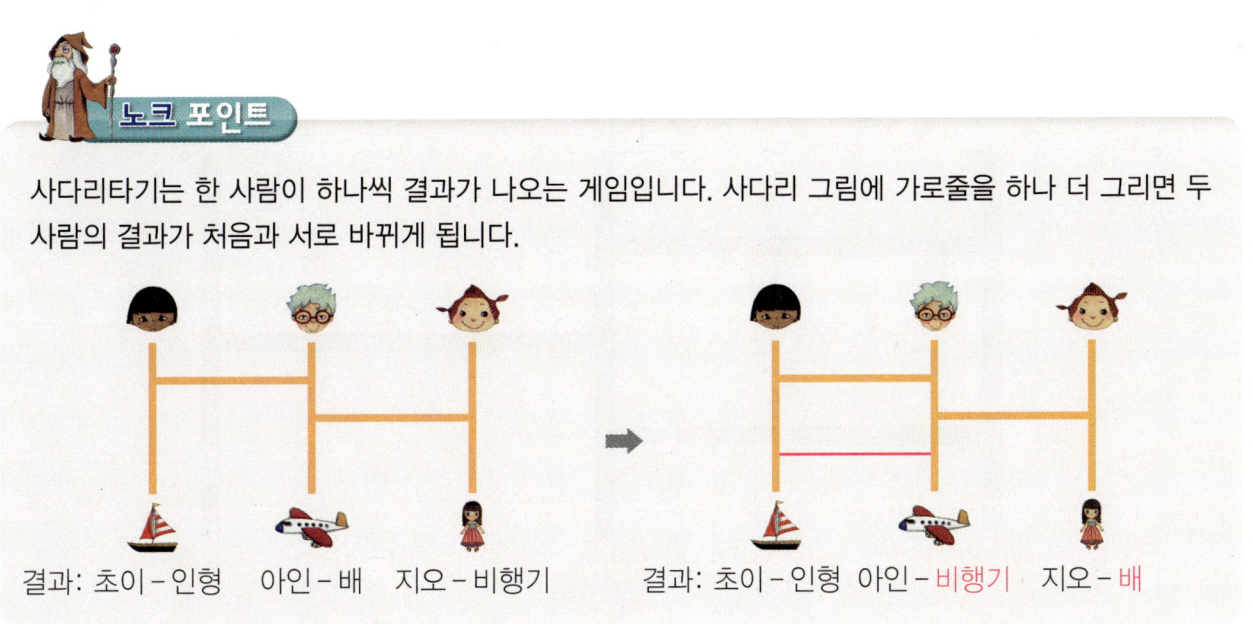

결과: 초이-인형 아인-배 지오-비행기

결과: 초이-인형 아인-비행기 지오-배

 # 사다리 연산

처음 시작한 수에서 사다리를 타고 내려가면서 만나는 계산을 한 값이 마지막 수가 되는 사다리 연산이 있습니다. 빈칸에 알맞은 수를 구해 봅시다.

❶ ☐ 안에 알맞은 수를 써넣으시오.

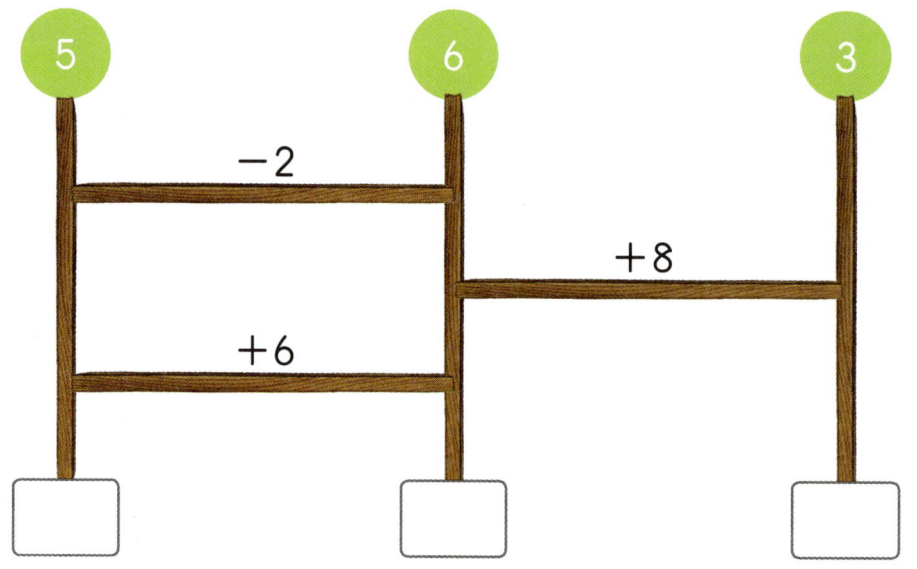

❷ 같은 사다리에서 처음 시작한 수를 바꾸어 다음과 같은 결과가 나왔습니다. ☐ 안에 알맞은 수를 써넣으시오.

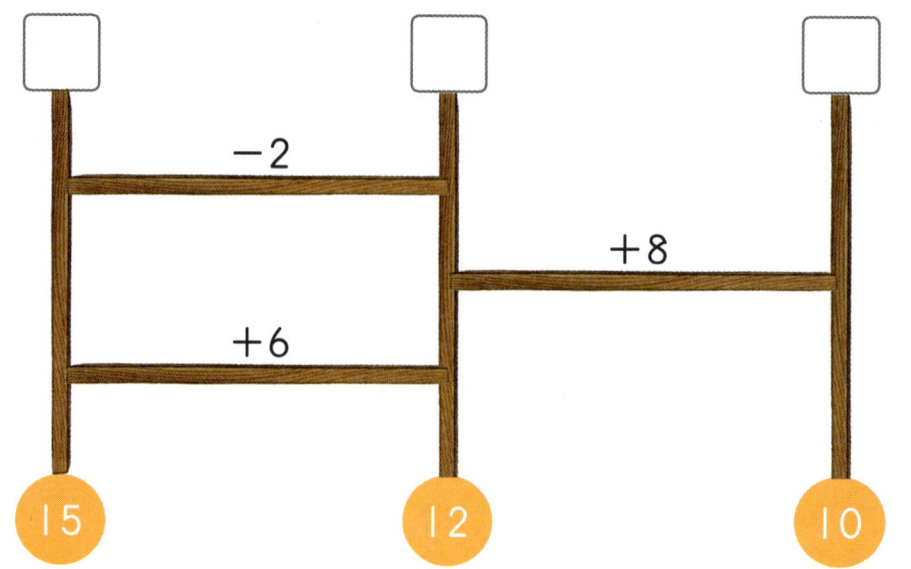

1 지오, 아인, 초이는 처음 가진 사탕의 수에서 사탕을 더하거나 빼는 사다리를 탑니다. 사다리타기 후에 가장 적은 사탕을 가지는 사람은 누구입니까?

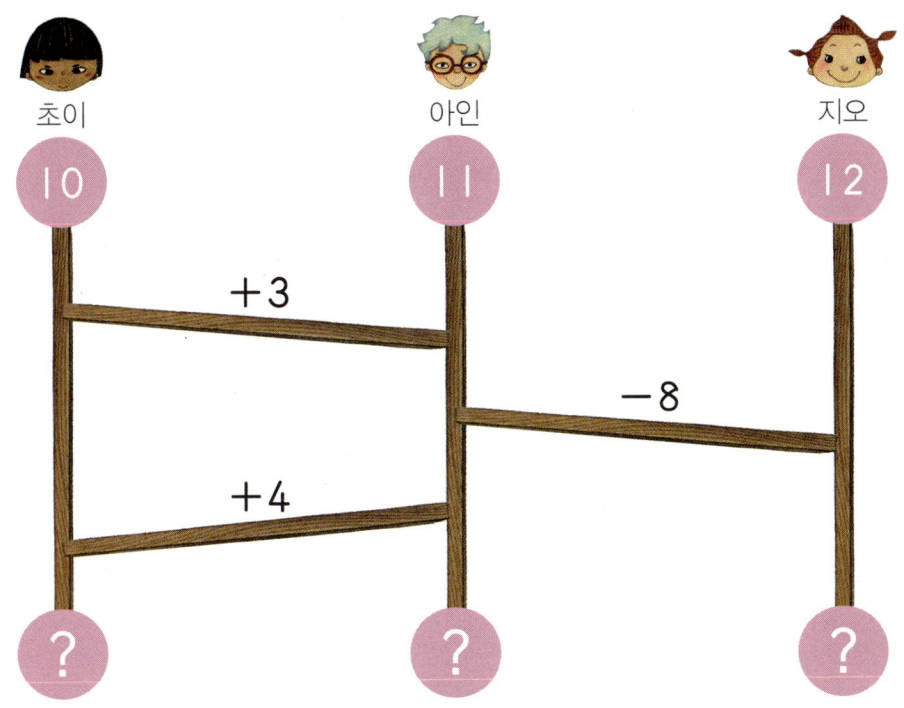

[거꾸로 찾기]

2 ☐ 안에 알맞은 수를 써넣으시오.

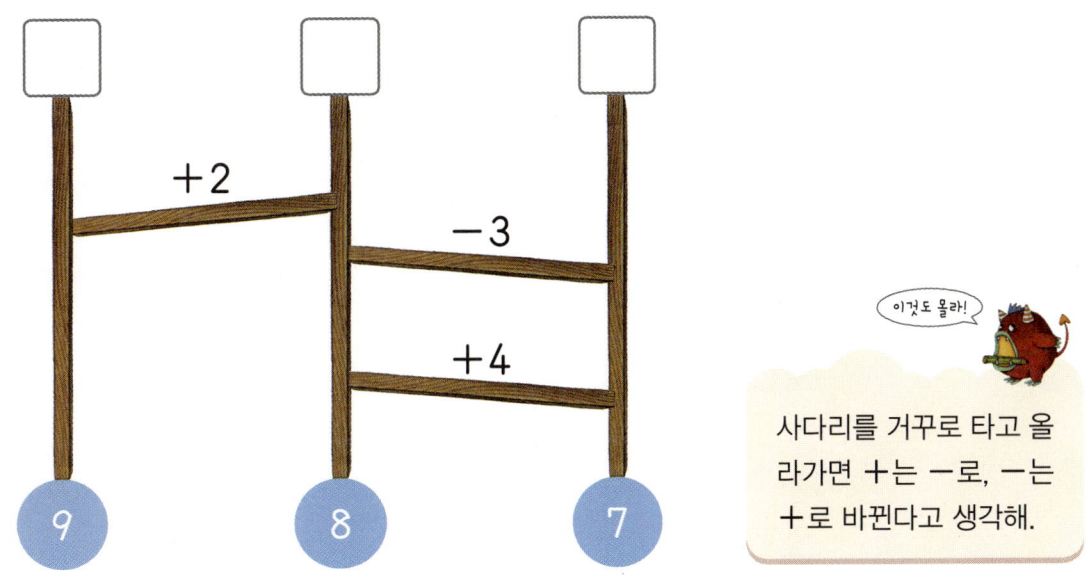

사다리를 거꾸로 타고 올라가면 +는 ─로, ─는 +로 바뀐다고 생각해.

사다리 고치기

사다리가 잘못되어 아기 동물들이 엄마에게 갈 수 없습니다. 아기 동물들이 모두 엄마를 찾아가도록 가로줄을 한 개 그어 봅시다.

아기 동물들이 모두 엄마를 찾아갈 수 있으려면 **가, 나, 다, 라** 중 어디에 가로줄을 그어야 하는지 찾아 ◯표 하시오.

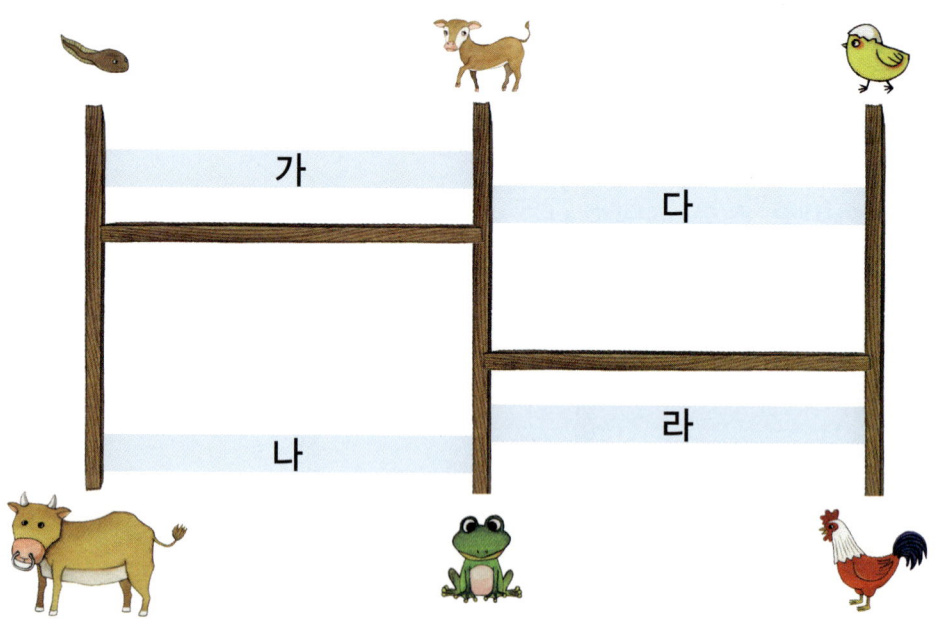

1 [올바르게 짝짓기]

양말, 장갑, 귀걸이가 하나씩 떨어져 있습니다. 올바르게 짝지을 수 있도록 가로
줄을 하나 더 그어 보시오.

2 [사다리 집 찾기]

사다리를 타고 내려가면 초이네 집이 나와야 합니다. 초이와 집이 연결되기 위해
지워야 하는 가로줄 하나를 찾아 ×표 하시오.

3 낱말 퍼즐

초이는 교실 뒤에 붙일 수 있도록 종이에 글자를 크게 인쇄해 오는 일을 맡았습니다. 그런데 글자를 인쇄한 종이를 꺼내 보니 교실에 붙이기로 했던 말이 생각이 나지 않습니다.

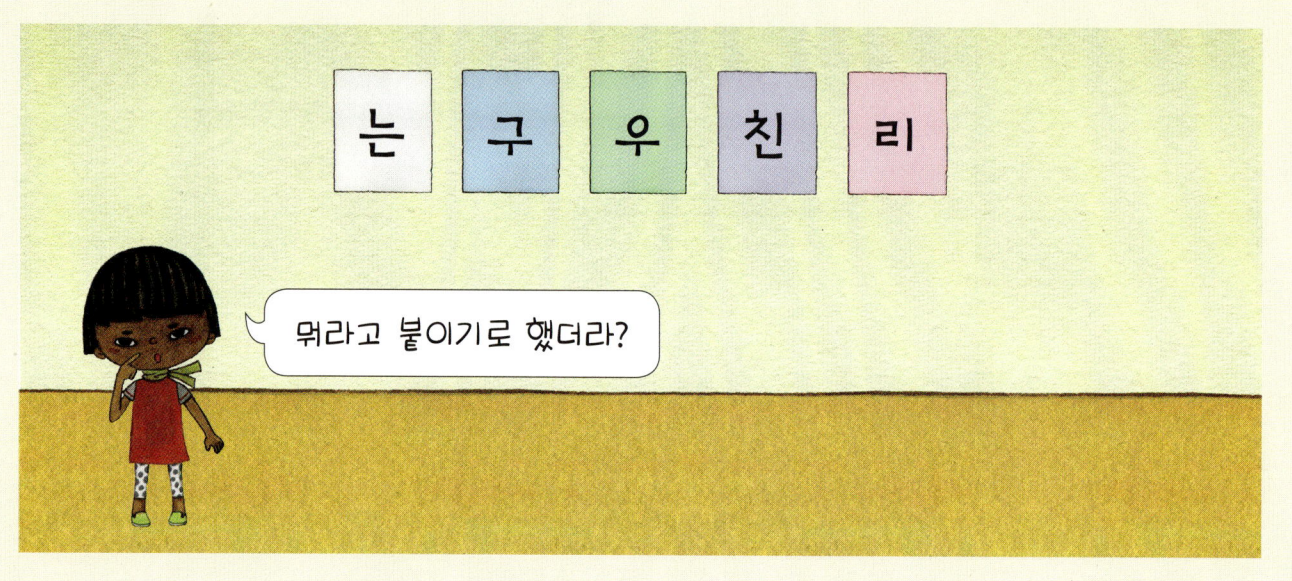

글자의 순서를 바꾸어서 교실 뒤에 붙이기로 한 말이 무엇인지 쓰시오.

준비한 말에 필요한 글자를 하나씩 빠뜨린 친구들이 있습니다. ☐ 안에 빠진 글자를 써 넣고, 글자의 순서를 바꾸어 나타내려고 하는 말을 쓰시오.

🟢 ⬤ 안에 들어가는 글자는 연결된 글자들과 만나 한 낱말이 됩니다. ⬤ 안에 알맞은 글자를 써넣으시오.

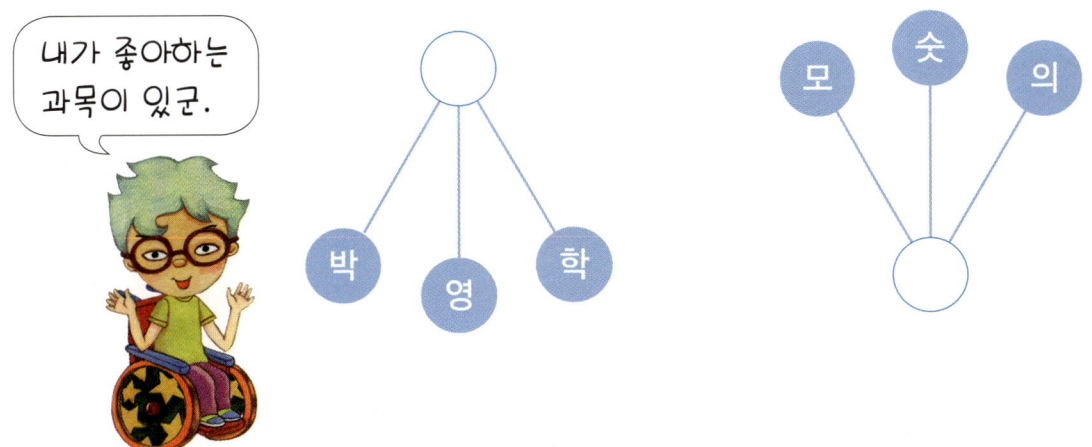

💬 내가 좋아하는 과목이 있군.

🟢 ⬜ 안에 들어갈 글자들을 왼쪽부터 나란히 쓰면 한 낱말이 됩니다. 빈칸을 모두 알맞게 채워 보시오.

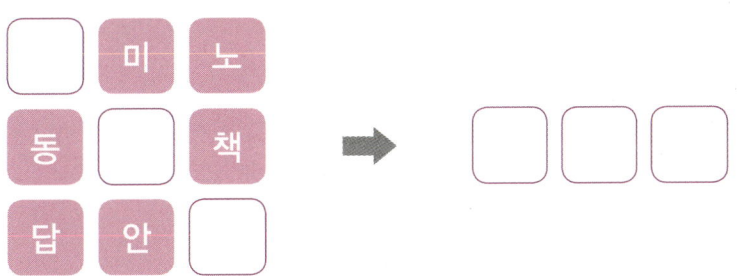

낱말 퍼즐은 가로, 세로 낱말 퍼즐과 끝말잇기가 있습니다. 낱말 퍼즐은 주어진 글자로 여러 가지 단어를 연상하는 어휘력을 필요로 합니다.

'가'로 시작하는 단어			
가방	가발	가수	가지
가정	가로수	가위	가족

'가'로 끝나는 단어			
국가	요가	마징가	사랑가
전문가	평가	참가	화가

이외에도 여러 가지 규칙에 맞는 단어를 찾을 수 있습니다.

낱말 잇기

여러 가지 규칙으로 낱말 잇기를 해 봅시다.

① 끝말잇기를 완성하시오.

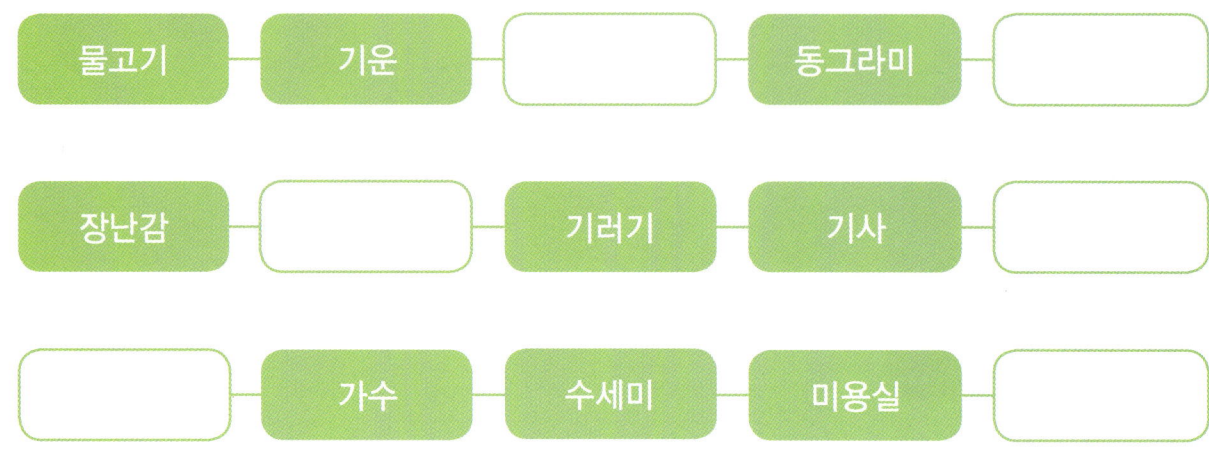

물고기	기운		동그라미	
장난감		기러기	기사	
	가수	수세미	미용실	

② 낱말들의 공통된 규칙을 찾아 빈칸에 알맞은 낱말을 써넣으시오.

가방	가루	가장	가운	
망아지	종아리	강아지	메아리	
운동장	소장	된장	고추장	

[낱말 찾아 선 잇기]

1 붙여서 새로운 낱말이 되는 것을 찾아 이어 보시오.

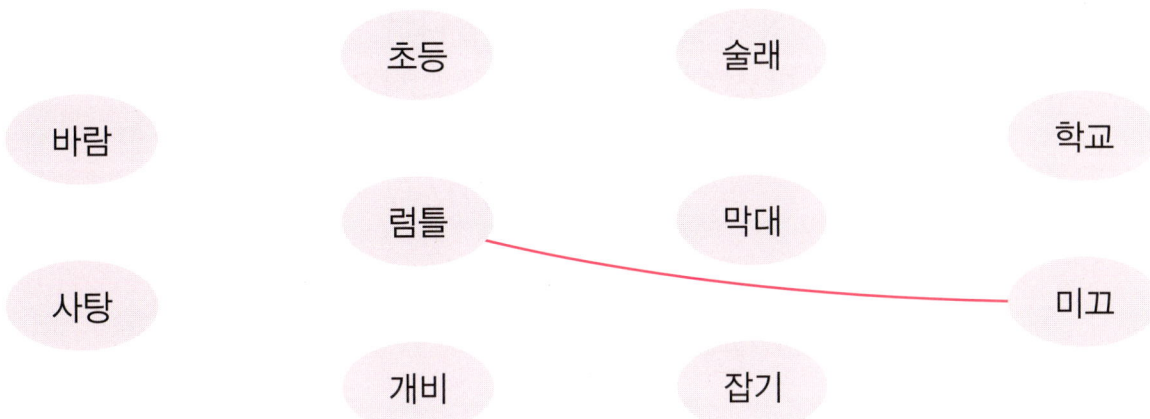

[낱말의 규칙]

2 규칙을 찾아 빈 곳에 알맞은 기호를 쓰시오.

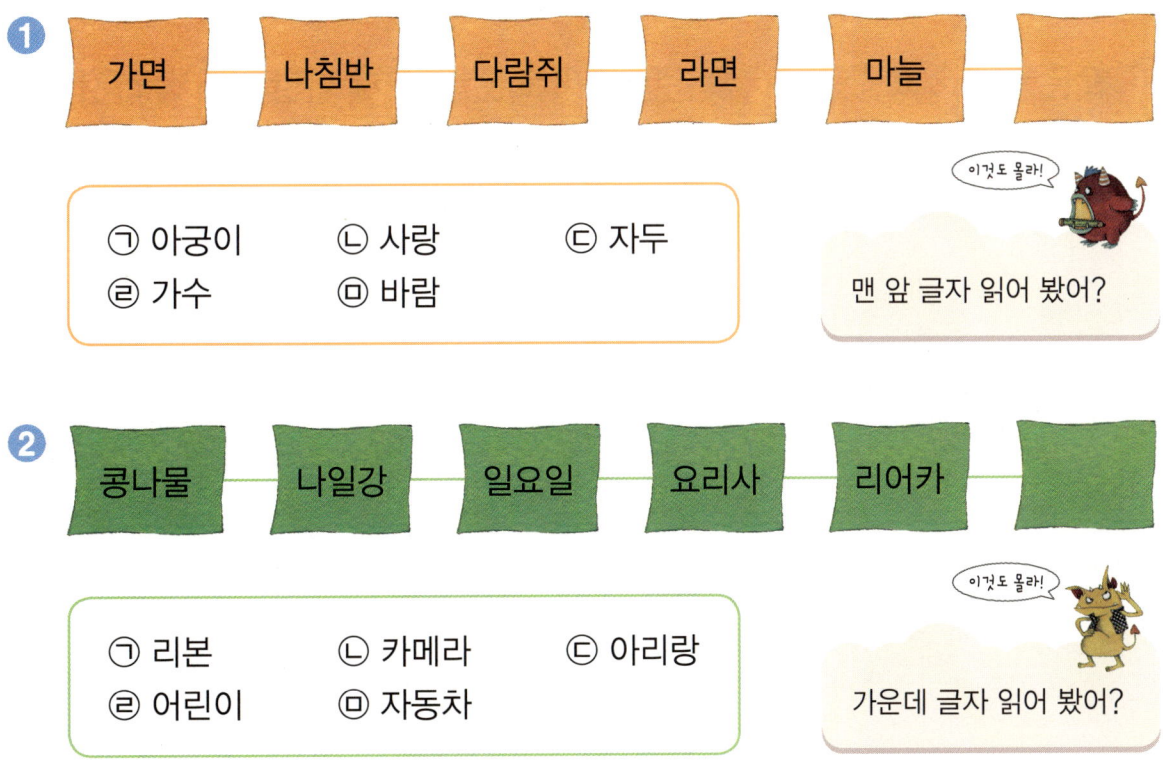

단어 만들기

자음과 모음을 선을 따라 연결하여 만들 수 있는 낱말을 찾아봅시다.

1 다음과 같이 선을 이어서 낱말을 만들었습니다. 같은 방법으로 한 글자와 두 글자 낱말을 하나씩 더 찾아서 빈칸에 써넣으시오.

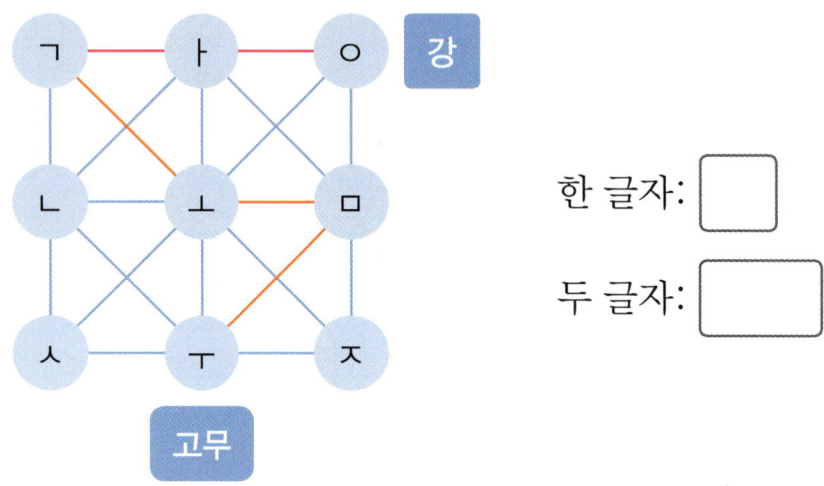

한 글자: ☐

두 글자: ☐

2 같은 방법으로 찾을 수 있는 한 글자 또는 두 글자 낱말을 5개 쓰시오.

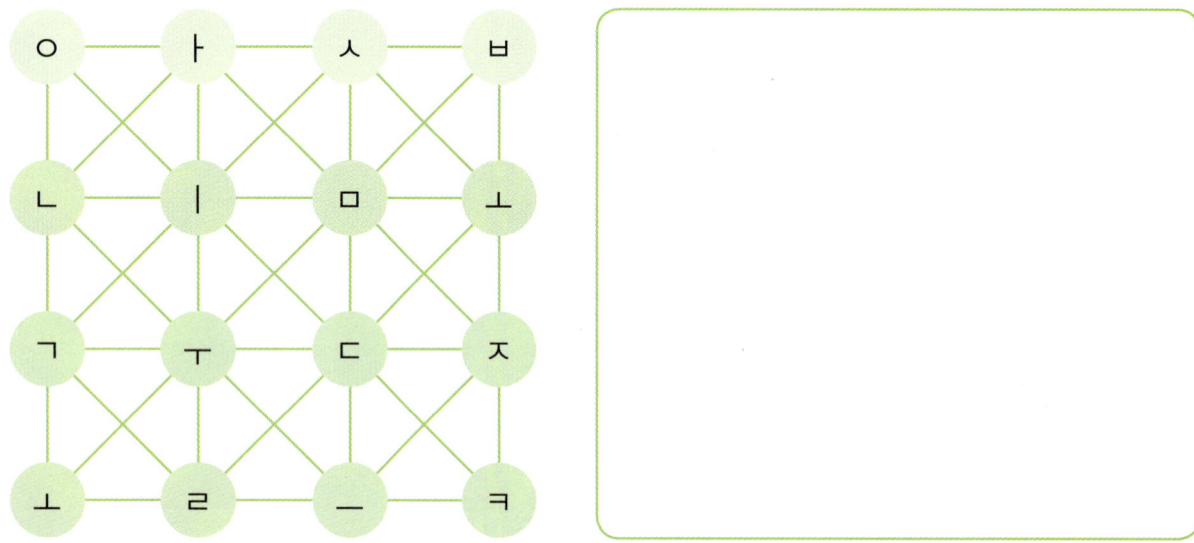

[흩어진 글자]

1 종이가 찢어져 글자들이 하나씩 흩어져 있습니다. 흩어진 글자를 모아 만들 수 있는 여러 가지 낱말 중 6개를 쓰시오.

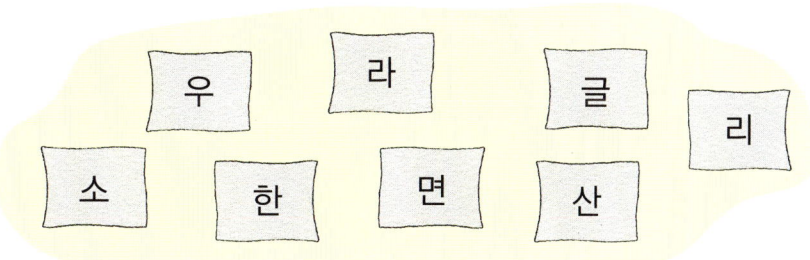

[낱말 묶기]

2 오른쪽이나 아래쪽으로 글자를 읽었을 때, 두 글자 또는 세 글자 낱말이 되는 것을 모두 찾아 묶어 보시오.

장	미	병	개
귀	용	아	나
교	실	오	리
통	고	후	모

이것도 몰라!

5개나 더 있어!

창의적 문제해결력

1 주어진 숫자만큼의 칸으로 된 반듯한 네모 모양으로 나누어 보시오. (단, 네모 모양끼리 겹치지 않게 나누어야 합니다.)

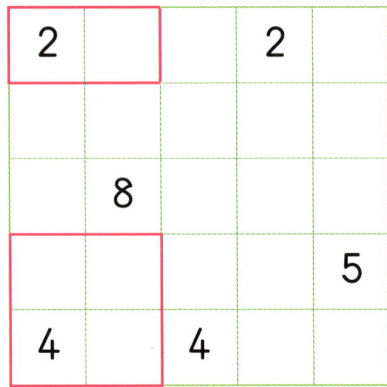

2 초이와 친구들은 사다리타기를 하여 가로줄에서 오른쪽으로 갈 때마다 2점, 왼쪽으로 갈 때마다 1점을 얻는 게임을 합니다. 친구들이 다음과 같이 사다리를 골랐을 때, 점수가 가장 낮은 사람은 누구입니까?

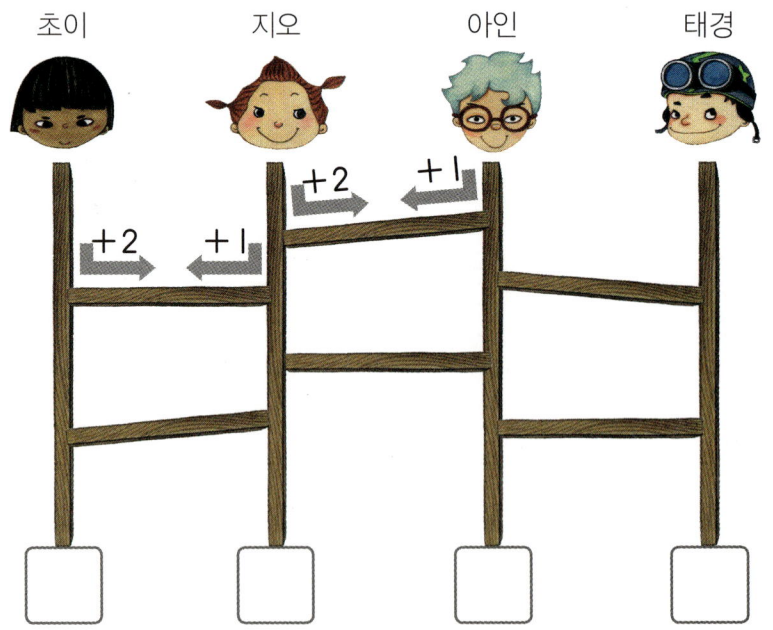

3 아인이와 태경이가 끝말잇기를 합니다. 말풍선을 알맞게 채워 보시오.

① 산수
③
⑤
②
④ 화가

4 주어진 자음과 모음을 가로, 세로 방향으로 연결하면 여러 가지 낱말을 만들 수 있습니다. 다음 중 만들 수 없는 단어를 고르시오.

ㅊ	ㅣ	ㄴ	ㄱ	ㅜ	ㅂ
ㅇ	ㅗ	ㅏ	ㅍ	ㄱ	ㅣ
ㅕ	ㅈ	ㅁ	ㅐ	ㅗ	ㅇ
ㄴ	ㅎ	ㅜ	ㅇ	ㅐ	ㅅ
ㄱ	ㅑ	ㄹ	ㅣ	ㅋ	ㅜ
ㅣ	ㅅ	ㅗ	ㅇ	ㅓ	ㅣ

㉠ 친구   ㉡ 빙수
㉢ 나물   ㉣ 춤
㉤ 연기

Chapter 2

문제 해결 전략

태경이와 초이가 다트를 3번 던져서 맞힌 점수의 합이 큰 사람이 이기는 게임을 하고 있습니다. 초이가 먼저 다트를 던져서 5점을 얻었습니다.

1점에 1개, 2점에 2개 맞혀서 5점이야.

그럼 6점만 맞혀도 내가 이기겠네? 그 정도야 문제 없지!

초이

태경

태경이는 다트를 3번 던져 6점을 얻는 방법을 모두 알아보려고 합니다. 다음 표를 알맞게 채워 보시오.

3점	2			
2점	0			
1점	0			
0점	1			
점수의 합	3+3=6			

태경이가 다트를 3번 던져 6점을 얻는 방법은 모두 몇 가지 있습니까?

⚙ 색종이 7장을 태경이와 초이가 적어도 1장씩 나누어 가지려고 합니다. 두 사람이 색종이를 나누어 가지는 방법은 모두 몇 가지인지 표를 이용하여 구하시오.

태경이의 색종이 수(장)	1	5			
초이의 색종이 수(장)	6	2			

⚙ 위의 표에서 초이가 태경이보다 색종이를 3장 더 많이 가지는 방법을 찾아 표시하시오. 초이가 태경이보다 색종이를 3장 더 많이 가지려면 7장 중 몇 장을 가져야 합니까?

난 태경이보다 3장 더 많이 가져갈 거야.

초이

노크 포인트

표를 이용하여 여러 가지 경우의 가짓수와 조건에 맞는 답을 찾을 수 있습니다.

합이 10, 차가 4인 두 수를 표를 이용하여 구하기

큰 수	10	9	8	7	6
작은 수	0	1	2	3	4
두 수의 합	10	10	10	10	10
두 수의 차	10	8	6	4	2

합이 10인 두 수를 차례대로 표에 써서 차가 4인 경우를 찾으면 두 수는 7과 3입니다.

사탕 나누어 먹기

아인, 초이, 지오가 사탕 16개를 나누어 가졌습니다. 다음을 보고 세 친구가 각각 가진 사탕의 수를 구해 봅시다.

나는 초이보다 사탕을 2개 적게 갖고 있어.

아인

우리 3명이 나누어 가진 사탕은 모두 16개야.

초이

너희 둘이 가진 사탕을 더하면 내가 가진 것과 같아지네.

지오

❶ 초이의 사탕이 2개부터 1개씩 많아질 때, 주어진 조건에 맞게 표를 완성해 보시오.

초이의 사탕(개)	2	3	4	5	6
아인이의 사탕(개)	0	1			
지오의 사탕(개)	2				
사탕 수의 합(개)	4				

이것도 몰라!

초이와 아인이의 사탕 수를 더하면 지오의 사탕 수를 알 수 있지.

❷ 표에서 사탕 수의 합이 16개인 경우를 찾아 세로줄을 색칠하시오.

❸ 세 친구가 각각 나누어 가진 사탕의 수를 구하시오.

초이: ☐ 개   아인: ☐ 개   지오: ☐ 개

1 1반과 2반이 피구 시합을 해서 2반이 2점 차로 이겼습니다. 두 반의 점수의 합이 12점일 때, 2반은 몇 점인지 표를 이용하여 구하시오.

1반 점수(점)	6	5	4	3	2
2반 점수(점)	6				
점수의 차	0				

잘 생각해 봐!

2반이 겨우 2점 차로 이겼으니까 두 팀이 동점인 경우부터 찾아가는 것이 훨씬 간단해.

[남은 쪽수가 같아지는 날]

2 지오는 45쪽짜리 책을 하루에 3쪽씩 읽고, 아인이는 55쪽짜리 책을 하루에 5쪽씩 읽습니다. 두 사람이 책이 읽기 시작한지 며칠째에 남은 책의 쪽수가 같아지는지 표를 이용하여 구하시오.

날수	1일	2일	3일	4일	5일	6일
지오의 남은 쪽수	42	39				
아인이의 남은 쪽수	50	45				

계단 오르기

끝까지 올라가는 데 12칸이 있는 계단이 있습니다. 계단을 지오는 한 칸씩, 초이는 두 칸씩, 태경이는 세 칸씩 올라갈 때, 세 친구가 모두 밟게 되는 계단은 몇 칸인지 구해 봅시다.

우리 모두가 밟게 되는 계단은 몇 칸 이나 있을까?

❶ 맨 아래 계단 칸부터 번호를 붙였을 때, 각자 밟게 되는 칸에 ◯표 하시오.

칸	1	2	3	4	5	6	7	8	9	10	11	12
지오	◯	◯	◯									
초이		◯		◯								
태경			◯			◯						

❷ 세 친구가 모두 밟게 되는 계단은 몇 칸입니까?

같은 방법으로 20칸이 있는 계단을 올라갈 때, 세 친구가 모두 밟게 되는 계단은 몇 칸인지 구하시오.

[메뉴 선택]

1 분식집에 있는 5가지 음식 중 2가지를 골라 주문하려고 합니다. 음식을 고르는 방법은 몇 가지가 있는지 표를 이용하여 구하시오.

김밥	○	○	○	○					
떡볶이	○								
라면		○							
냉면			○						
어묵				○					

[학원가는 날]

2 아인이는 2일에 한 번, 지오는 3일에 한 번 같은 학원을 갑니다. 아인이와 지오가 9월 1일에 학원에서 만났을 때, 9월 한 달 동안 학원에서 만나는 날은 며칠 더 있는지 표를 이용하여 구하시오.

날짜	1	2	3	4	5	6	7	8	9	10	11	12	13	14	15
아인	○		○												
지오	○			○											

9월은 30일 까지 있어.

 # 그림 그려 해결하기

지오네 모둠 아이들이 달리기 시합을 하였습니다.

내 앞에는 3명이 있었어.

지오

초이

내 뒤에는 3명이 있었어.

지오와 나 사이에는 1명이 있었어.

아인이와 태경이는 서로 다르게 생각합니다.

지오가 초이보다 앞에 달리고 있었겠네.

아인

그럴리가. 평소에 뛰어 보면 초이가 더 빠른 걸?

태경

아인이의 생각대로 지오가 더 앞에 달리고 있을 때, 지오와 초이의 위치를 찾아 ◯ 안에 이름을 써넣으시오.

앞 ◯ ◯ ◯ ◯ ◯ 초이 ◯ ◯ ◯ 뒤

태경이의 생각대로 초이가 더 앞에 달리고 있을 때, 초이와 지오의 위치를 찾아 ◯ 안에 이름을 써넣으시오.

앞 ◯ ◯ ◯ ◯ ◯ 뒤

🌀 초이는 앞에서 세어 보니 6번째에 서 있습니다. 뒤에서 세어 보니 4번째에 서 있습니다. 줄을 서 있는 사람은 모두 몇 명인지 그림을 완성하고 구하시오.

초이

🌀 지오네 반 학생들 8명이 키 순서대로 나란히 서 있는데 지오의 앞에는 3명이 서 있습니다. 지오의 뒤에 있는 사람은 몇 명인지 그림을 그려 구하시오.

지오

노크 포인트

조건에 맞게 그림을 그려서 문제를 해결할 수 있습니다. 이때, 그림은 간단하게 그리는 것이 좋습니다.

① 앞에서 4번째, 뒤에서 3번째 있는 태경   ② 기린과 타조가 5마리, 다리는 모두 18개

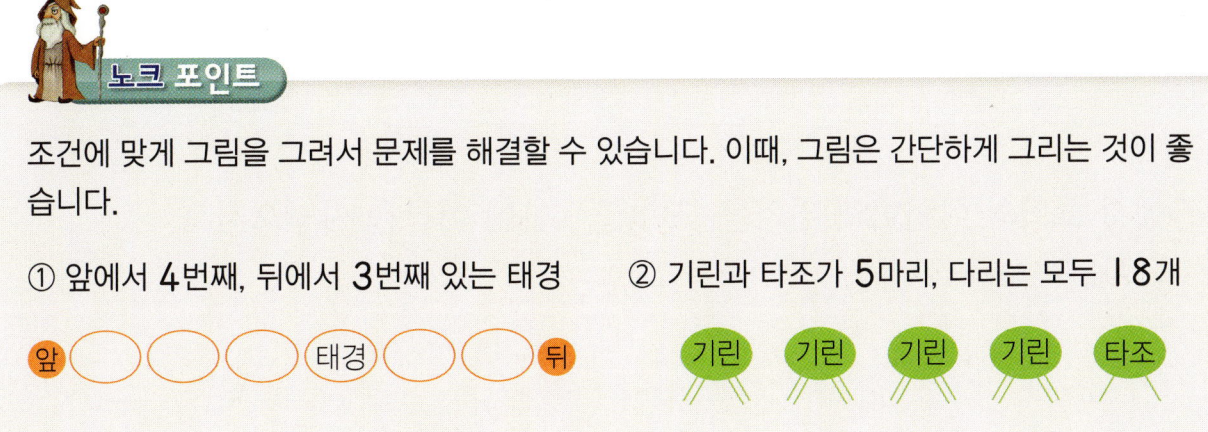

 서 있는 위치 찾기

지오, 태경, 초이, 아인이가 버스 정류장에 서 있습니다. 대화를 보고 조건에 맞게 그림을 그려서 친구들의 위치를 찾아봅시다.

> 내 앞으로 4명, 뒤로 2명이 줄을 서 있었어.

> 내가 갔을 때 이미 6명이 줄을 서 있었지.

> 나와 태경이 사이에 3명이 서 있었어.

> 내 바로 뒤에 초이가 서 있었어.

지오

태경

초이

아인

❶ 지오가 말한대로 줄을 서 있는 사람을 ◯로 그려 보시오.

앞      뒤
                      지오

❷ ❶에서 태경이의 위치를 찾아 ◯ 안에 이름을 써넣으시오.

❸ ❶에서 초이와 아인이의 위치를 찾아 ◯ 안에 이름을 써넣으시오.

[멀리 뛴 순서]

1 초이네 가족이 멀리뛰기를 하였습니다. 그림 위에 나머지 가족의 위치를 나타내어 보고, 가족 중 두 번째로 멀리 뛴 사람은 누구인지 쓰시오.

> ㉠ 초이는 동생보다 2칸 더 뛰었습니다.
> ㉡ 아버지는 동생보다 4칸 더 뛰었고, 어머니보다 2칸 덜 뛰었습니다.

[빠르게 달리는 순서]

2 버스 4대가 다음과 같은 순서로 달리고 있습니다. 앞에 있는 순서대로 빈 곳에 알맞은 버스 번호를 써넣으시오.

> • 4번 버스는 2번 버스의 앞에, 1번 버스의 뒤에 있습니다.
> • 3번 버스는 1번 버스보다 앞에 있습니다.

잘 생각해 봐!

맨 앞에 있는 버스부터 찾아봐!

동물과 다리 문제

마당에 닭과 강아지가 모두 5마리 있습니다. 다리를 세어 보니 다리는 모두 16개입니다. 닭과 강아지는 각각 몇 마리인지 구해 봅시다.

❶ 몸통 5개에 다리를 2개씩 그려 보시오. 동물 5마리의 다리가 모두 2개씩이라면 다리는 모두 몇 개입니까?

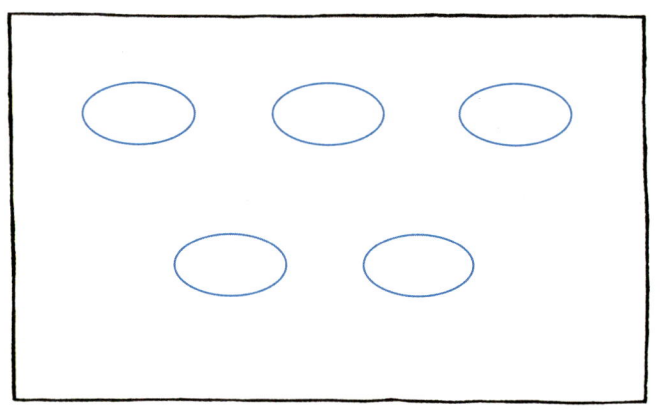 

다리 2개는
다리 4개는
이렇게 그리는 거야.

❷ 다리가 16개가 되도록 그림에 다리를 2개씩 더 그려 보시오. 몇 마리에 다리를 더 그려야 합니까?

❸ 마당에 닭과 강아지는 각각 몇 마리 있습니까?

이것도 몰라!

닭은 다리가 2개~
강아지는 다리가 4개~

1 [닭과 소]

목장에 새로 들어 온 닭과 소는 모두 6마리이고, 다리는 20개였습니다. 새로 들어온 닭과 소는 각각 몇 마리입니까?

잘 생각해 봐!

6마리에 다리를 각각 2개씩 그린 다음, 모자란 다리 수만큼 더 그려야 해.

2 [자전거와 바퀴]

두발자전거와 세발자전거가 모두 7대 있습니다. 자전거의 바퀴가 모두 17개일 때, 두발자전거는 몇 대 있는지 구하시오.

잘 생각해 봐!

바퀴가 모두 17개가 되도록 두발자전거에 바퀴를 1개씩 더 그려 봐.

6 여러 가지 방법으로 해결하기

어린이 대표 선거에 나온 후보 5명이 서로 한 번씩 악수를 하려고 합니다.

주인　　　　아인　　　　태경　　　　초이　　　　지오

그림 그려 해결하기

두 사람씩 악수하는 것을 선으로 이어서 악수를 모두 몇 번 하는지 세어 보시오.

규칙 찾아 해결하기

사람이 1명씩 늘어날 때마다 악수하는 횟수가 늘어나는 규칙을 찾아 사람이 5명일 때 악수를 모두 몇 번 하는지 구해 보시오.

사람 수(명)	1	2	3	4	5
악수 횟수(번)	0	1			

아인, 초이, 태경, 지오는 두 명씩 짝을 지어 배드민턴 경기를 하려고 합니다. 서로 한 경기씩 한다면 경기를 모두 몇 번 해야 합니까?

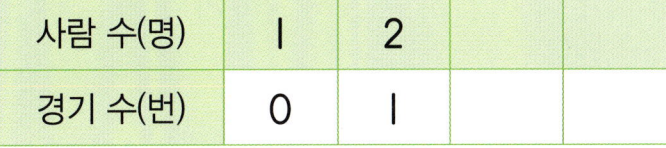

그림 그려 해결하기

규칙 찾아 해결하기

사람 수(명)	1	2		
경기 수(번)	0	1		

여러 가지 문제 해결 방법을 알고 있으면 처음 보는 문제를 다양한 방법으로 해결하는 힘을 기를 수 있습니다. 표 이용하기, 그림 그려 해결하기 외에도 직접 해 보기, 예상하여 해결하기, 규칙 찾아 해결하기와 같은 방법이 있습니다.

① 직접 해 보기

3에서 3씩 4번 뛰어 센 수는? ➡ 3, 6, 9, 12, 15

② 예상하여 해결하기

합이 10이고 차가 2인 두 수는?

➡ 5와 5는 차가 0이므로 5에서 1씩 각각 크고 작게 하면 6과 4이고 차는 2

③ 규칙 찾아 해결하기

합이 20이고 차가 6인 두 수는?

큰 수	20	19	18	17	16	15	14	13
작은 수	0	1	2	3	4	5	6	7
차	20	18	16	14	12	10	8	6

−2 −2 −2 −2 −2 −2 −2

예상하고 규칙 찾기

동물원에 타조와 기린이 6마리 있고, 다리가 모두 22개일 때 두 동물이 각각 몇 마리 있는지 두 가지 방법으로 구해 봅시다.

예상하여 해결하기

❶ 타조와 기린이 똑같이 3마리씩 있을 때, 다리의 수를 구하시오.

❷ 다리가 모두 22개가 되려면 타조와 기린 중 어느 동물의 수를 늘려야 합니까? 그 동물의 수를 늘려서 타조와 기린이 각각 몇 마리인지 예상하여 구하시오.

규칙 찾아 해결하기

❶ 동물 6마리가 모두 타조이면 다리는 12개입니다. 타조를 기린으로 1마리씩 바꿀 때 다리 수의 합을 구하여 표를 완성해 보시오.

타조의 수(마리)	6	5	4			
기린의 수(마리)	0	1				
다리 수	12					

❷ 기린이 1마리씩 늘어날 때마다 다리 수의 합은 얼마씩 늘어납니까?

❸ 다리가 모두 22개이면 기린은 몇 마리입니까?

[자동차와 자전거]

1 모형자동차와 모형자전거를 7대 만드는 데 바퀴가 26개 필요합니다. 만들어야

하는 모형자전거는 몇 대입니까?

[명절 모임]

2 명절을 맞아 다섯 가족이 한 자리에 모였습니다. 각 가족은 3명 또는 4명이고

모인 사람은 모두 17명일 때, 3명인 가족은 몇 가족입니까?

다섯 가족이 모두 3명인 가족이라고 생각하고 4명인 가족이 늘어날 때 모인 사람 수의 규칙을 찾아보면 간단하지.

여러 가지 해결 전략

태경이와 아인이가 사탕 15개를 나누어 가지려고 합니다. 태경이가 사탕을 7개 더 가지려면 사탕을 몇 개씩 나누어 가지면 되는지 여러 가지 방법으로 구해 봅시다.

예상하여 해결하기

합이 15, 차가 7인 두 수를 예상하고, 틀릴 경우 다시 예상하여 두 사람이 나누어 가지는 사탕의 수를 각각 구하시오.

그림 그려 해결하기

태경이가 사탕을 7개 가지고 있을 때, 두 사람이 가진 사탕이 모두 15개가 되도록 양쪽에 ○를 같은 수만큼 그려 보시오.

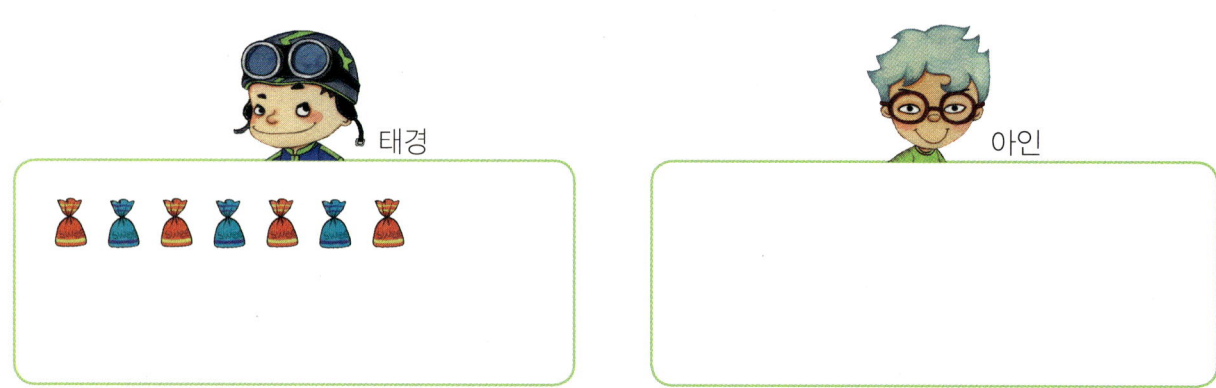

규칙 찾아 해결하기

주어진 표를 완성하고, 아인이가 가지는 사탕이 1개씩 늘어날 때마다 두 사람이 가지는 사탕 수의 차가 줄어드는 규칙을 찾아 설명하시오.

태경이 사탕(개)	15	14	13		
아인이 사탕(개)	0	1			
사탕 수의 차	15				

[딸기 나누기]

1 딸기 농장에서 초이는 딸기 10개, 동생은 딸기 2개를 땄습니다. 두 사람이 가진 딸기의 수가 같아지려면 초이는 동생에게 딸기를 몇 개 주어야 합니까?

초이가 딴 딸기

동생이 딴 딸기

[아인이와 동생의 나이]

2 올해 아인이는 8살, 동생은 3살입니다. 아인이와 동생의 나이의 합이 23이 되는 해는 몇 년 후입니까?

몇 년 후	올해	1년	2년	3년	······
아인이 나이(살)	8	9	10	11	······
동생 나이(살)	3	4	5	6	······
나이의 합	11	13	15	17	······

잘 생각해 봐!

두 사람의 나이의 합이 커지는 규칙을 찾아봐.

1 지오는 Ⅰ점짜리와 3점짜리 문제를 모두 7개 맞혀서 Ⅰ5점을 받았습니다. 다음 표를 완성하고, Ⅰ점짜리와 3점짜리 문제를 각각 몇 개씩 맞혔는지 구하시오.

맞힌 Ⅰ점짜리 문제(개)	0	Ⅰ	2	3	4	5	6	7
맞힌 Ⅰ점짜리 문제 점수(점)	0	Ⅰ	2					
맞힌 3점짜리 문제(개)	7	6	5	4	3	2	Ⅰ	0
맞힌 3점짜리 문제 점수(점)	21	18	15					
점수의 합	21	19	17					

2 어느 축구 대회에 참가한 팀이 서로 한 번씩 경기를 합니다. 다음은 참가한 축구 팀 수와 경기 수를 나타낸 표입니다. 참가한 팀이 9개일 때 경기는 모두 몇 번 해야 합니까?

축구 팀 수(개)	Ⅰ	2	3	4	5	6	……
경기 수(번)	0	Ⅰ	3	6	10	15	……

3 차가 2이고, 합이 15보다 큰 한 자리 수 2개가 있습니다. 두 수를 예상하여 해결하기 방법으로 구하시오.

> 예상하기는 일단 한 번 해 보는 거야. 차가 2인 한 자리 수가 7과 5라면 합이 12. 15보다 작군.

4 아인이와 친구들이 색종이로 장미꽃을 만들었습니다. 다음 설명을 보고, 장미꽃을 많이 만든 순서대로 이름을 쓰시오.

> ㉠ 아인이는 태경이보다 장미꽃이 1개 더 많습니다.
> ㉡ 태경이가 지오에게 장미꽃 1개를 주면 두 사람이 가진 장미꽃의 수가 같아집니다.
> ㉢ 아인이는 초이에게 장미꽃 2개를 주면 두 사람이 가진 장미꽃의 수가 같아집니다.

Chapter 3

논리 문제

7 연역표

초이, 태경, 아인이가 각자 집에서 키우는 애완동물을 한 마리씩 데리고 왔습니다.

초이의 애완동물은 작고 귀여운 햄스터라는 것을 쉽게 알 수 있습니다. 나머지 친구들의 애완동물을 찾아 선으로 이어 보시오.

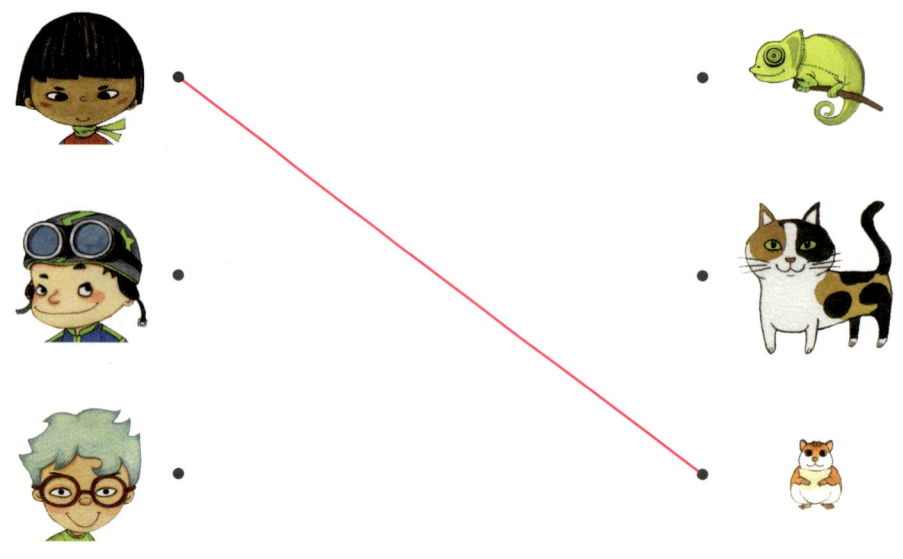

지오, 초이, 태경이는 딸기, 자두, 오렌지 중 서로 다른 과일을 하나씩 좋아합니다. 초이가 좋아하는 과일에 ○를, 태경이가 좋아하지 않는 과일에 ✕를 하였을 때, 나머지 표를 알맞게 채워 보시오.

과일	🍓	🍑	🍊
지오			
초이	○		
태경			✕

노크 포인트

주어진 조건을 ○ 또는 ✕로 표시하여 논리적으로 짝짓는 문제를 간단히 해결할 수 있습니다.

조건	A	B	C
가	○		
나			✕
다			

가는 A이므로 B, C가 아니고, 나와 다도 A가 아닙니다.

→

조건	A	B	C
가	○	✕	✕
나	✕		✕
다	✕		

C는 다입니다.

→

조건	A	B	C
가	○	✕	✕
나	✕	○	✕
다	✕	✕	○

B는 나입니다.

알맞게 짝짓기

태경, 아인, 지오는 어버이날 부모님께 선물할 카네이션을 고르려고 합니다. 세 친구가 흰색, 노란색, 빨간색 카네이션 중 하나씩 골라야 할 때, 지오가 고르는 카네이션의 색깔을 찾아봅시다.

> 난 빨간색
> 카네이션이 좋겠어.

> 나는 노란색과 빨간색
> 꽃 중에 살래!

> 나는 흰색과 노란색 중
> 한 가지 꽃을 살 거야.

태경

아인

지오

❶ 태경이는 빨간색 카네이션을 고릅니다. 오른쪽 표에서 태경이가 있는 세로줄에 알맞게 ○, ✕를 써넣으시오.

	태경	아인	지오

❷ 아인이는 노란색과 빨간색 꽃 중에 하나를 고르고 싶어하지만 태경이가 이미 빨간색 카네이션을 골랐습니다. 표에서 아인이가 있는 세로줄에 알맞게 ○, ✕를 써넣으시오.

❸ 표의 나머지 빈칸에 알맞게 ○, ✕를 써넣고, 지오가 고르는 카네이션은 무슨 색인지 찾아 쓰시오.

1 [숫자 카드 놓기]
숫자 카드 3장을 주어진 조건 에 맞게 나란히 놓을 때, 첫 번째에 놓이는 카드에 적힌 숫자를 구하시오.

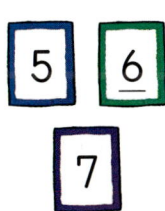

조건

• 세 번째에 놓인 카드는 7 이 아닙니다.
• 6 , 7 은 이웃한 위치에 있지 않습니다.

2 [짝을 찾아라]
현석이네 모둠에는 남학생인 현석이, 선우, 동욱이와 여학생인 다연이, 소희, 지윤이가 있습니다. 남학생과 여학생이 한 명씩 짝을 지을 때, 다음 표를 알맞게 채워서 선우의 짝이 누구인지 찾아 쓰시오.

• 다연이는 선우, 동욱이와 짝이 아닙니다.
• 동욱이는 소희와 짝이 아닙니다.

남학생 \ 여학생	현석	선우	동욱
다연			
소희			
지윤			

숨은 의미 찾기

초이, 태경, 아인이는 빨간색, 파란색, 보라색 중 서로 다른 색을 하나씩 좋아합니다. 다음을 보고 누가 어떤 색깔을 좋아하는지 알아봅시다.

> • 태경이는 파란색을 좋아하는 사람과 친합니다.
> • 초이는 빨간색을 좋아하는 사람, 파란색을 좋아하는 사람과 함께 모여 숙제를 하였습니다.

❶ 문제의 조건에는 숨은 의미가 있습니다. 빈칸에 알맞은 말을 써넣으시오.

> 태경이는 파란색을 좋아하는 사람과 친합니다.
>
> ➡ 태경이는 [ㅤ]색을 좋아하지 않습니다.
>
> 초이는 빨간색을 좋아하는 사람, 파란색을 좋아하는 사람과 함께 모여 숙제를 하였습니다.
>
> ➡ 초이는 [ㅤ]색과 [ㅤ]색을 좋아하지 않습니다.

❷ 표에 ◯, ✕를 알맞게 써넣어 세 친구가 좋아하는 색깔을 각각 찾아보시오.

이름＼색깔	빨간색	파란색	보라색
초이			
태경			
아인			

잘 생각해 봐!

초이는 빨강과 파랑을 뺀 나머지 한 색깔을 좋아해.

[성씨 맞히기]

1 초이, 지오, 아인이는 성이 모두 다릅니다. 다음 표를 알맞게 채워 보고, 지오의 성은 무엇인지 쓰시오.

> • 초이는 이씨인 친구와 친합니다.
> • 아인이는 박씨인 친구, 이씨인 친구와 함께 피아노를 배웁니다.

성＼이름	초이	지오	아인
김			
이			
박			

이것도 몰라!

이초이라는 친구는 없어.

[아인이의 성적]

2 아인이의 세 과목 시험 성적은 각각 100점, 90점, 80점입니다. 다음을 보고 점수가 가장 높은 과목을 찾아 쓰시오.

> • 100점 만점인 국어 시험에서 아쉽게도 틀린 문제가 있습니다.
> • 영어 시험 점수가 가장 낮습니다

과목＼점수	100점	90점	80점
국어			
영어			
수학			

 **문제 만들기**

초이가 사탕을 사서 태경이에게 3개 주고, 지오에게 5개 주었더니 세 사람이 가진 사탕이 모두 똑같이 6개가 되었습니다.

초이

태경

지오

아인이의 질문에 알맞은 식을 선으로 이어 보시오.

아인

> 초이가 친구들에게 나누어 준 사탕은 모두 몇 개지?

> 지오는 태경이보다 초이에게서 사탕을 몇 개 더 받은 거야?

> 태경이가 원래 가지고 있던 사탕은 몇 개였어?

• $6-3=3$

• $5-3=2$

• $3+5=8$

다음 중 위의 상황만 보고는 알 수 없는 것을 찾아 ◯표 하시오.

> 초이가 처음에 가지고 있던 사탕의 수

> 아인이가 가진 사탕의 수

❻ 문제에 알맞은 식을 찾아 선으로 이어 보시오.

> 지오는 빵 2조각, 아인이는 4조각, 태경이는 5조각을 먹었습니다.

| 태경이는 지오보다 빵을 몇 조각 더 먹었습니까? | • | | • | 2+2=4 |

| 지오가 먹고 남은 빵이 2조각이면 처음 지오가 가지고 있던 빵은 몇 조각입니까? | • | | • | 4+5=9 |

| 아인이와 태경이가 먹은 빵은 모두 몇 조각입니까? | • | | • | 5−2=3 |

노크 포인트

상황에 맞는 문제를 만들 수 있습니다.

① 덧셈 문제 만들기
- 사탕은 모두 몇 개입니까?
- 파란 사탕과 빨간 사탕의 수를 더하면 몇 개입니까?
  식: 5+3=8(개)   답: 8개

② 뺄셈 문제 만들기
- 파란 사탕은 빨간 사탕보다 몇 개 더 많습니까?
- 빨간 사탕은 파란 사탕보다 몇 개 더 적습니까?
  식: 5−3=2(개)   답: 2개

 그림 문제

필통 안에 들어 있는 학용품을 보고 문제를 만들어 봅시다.

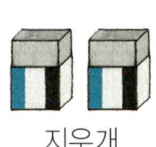

지우개

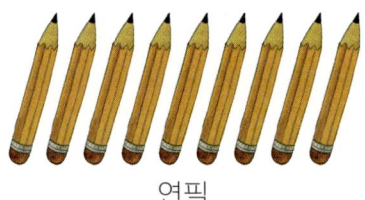

연필

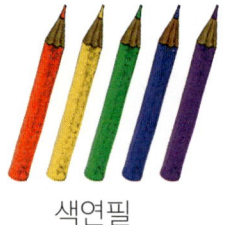

색연필

① 다음 식에 알맞은 문제를 만들어 보시오.

$$9+5=14$$

문제

② 학용품을 보고 초이가 어떤 문제를 내자 아인이가 다음과 같이 대답했습니다.
아인이의 답에 맞게 초이가 낸 문제를 만들어 보시오.

초이

아인

문제

[답에 맞는 문제 만들기]

1 다음 그림을 보고 주어진 답에 맞는 문제를 만들어 보시오.

문제	
답	7개

문제	
답	2개

잘 생각해 봐!

먼저 햄버거, 샌드위치, 도넛의 수를 세어 봐.

[문제 만들고 풀기]

2 그림을 보고 다음과 같이 문제를 만들고 풀어 보시오.

문제: 티셔츠와 바지는 모두 몇 장입니까?
식 : $3 + 2 = 5$(장)

문제	
식	

🐛 잘못 만든 문제

태경이가 아인이에게 연필 몇 자루를 선물하였습니다. 그림에 알맞은 설명과 문제를 찾아보고 문제를 풀어 봅시다.

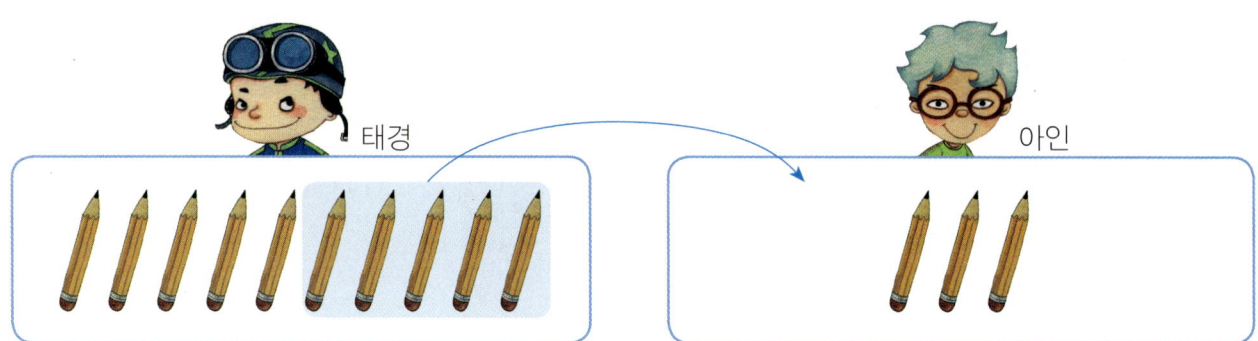

❶ 그림에 대한 설명 중 잘못된 것에 ✕표 하시오.

태경이는 가지고 있던 연필의 절반을 아인이에게 선물하였습니다.	태경이가 아인이에게 선물을 한 후, 두 사람이 가진 연필 수의 합은 더 커졌습니다.	아인이가 처음에 가지고 있던 연필보다 태경이가 아인이에게 준 연필이 더 많습니다.

❷ 그림을 보고 여러 가지 문제를 만들었습니다. 풀 수 있는 문제는 답을 써넣고, 풀 수 없는 문제는 ✕표 하시오.

• 원래 태경이는 아인이보다 연필을 몇 자루 더 가지고 있었습니까?

• 선물을 받은 후 아인이의 연필은 몇 자루가 되었습니까?

• 선물한 연필 중 아인이가 직접 고른 것은 몇 개입니까?

1 조건에 알맞은 문제를 찾아 선으로 이어 보시오.

태경이는 떡을 10개 샀고, 아인이는 떡을 8개 샀습니다.   •

•   지오가 처음에 가지고 있던 떡은 몇 개입니까?

초이는 떡 12개 중에서 4개를 지오에게 주었습니다.   •

•   떡은 몇 개 남아 있습니까?

지오는 초이에게 떡 4개를 받아 떡이 9개가 되었습니다.   •

•   두 사람이 산 떡은 모두 몇 개입니까?

[잘못된 문제]

2 다음 식을 보고 문제를 만든 것 중 잘못된 것을 고르시오.

$$5 + 7 = 12$$

① 올해 5살인 동근이는 7년 후에 몇 살입니까?

② 지수는 5일 동안 운동을 하였습니다. 일주일 동안 운동을 더 하면 모두 며칠 동안 운동을 하게 됩니까?

③ 연재는 윗몸일으키기를 5번씩 7회 반복했습니다. 윗몸일으키기를 모두 몇 번 하였습니까?

④ 정민이네 가족 5명과 민정이네 가족 7명이 함께 여행을 갑니다. 모두 몇 명이 여행을 갑니까?

9 긍정과 부정

수학 마법책 노크를 훔쳐간 범인을 찾던 대마법사 멀린은 근처에 있는 요괴 셋을 붙잡았습니다. 꼬마 요괴들은 "네", "아니요"로만 대답합니다.

최근에 노크를
본 적이 있는가?

지금까지 물건을
훔친 적이 한 번
도 없는가?

네.
네.

네.
아니요.

아니요.
아니요.

멀린   거꾸로 요괴   장난 요괴   한입 요괴

세 요괴 중 노크를 본 적이 있는 요괴를 모두 찾아 이름을 쓰시오.

세 요괴 중 물건을 훔친 적이 있는 요괴를 모두 찾아 이름을 쓰시오.

범인은 누구입니까?

⚙ 질문과 대답을 보고 숙제를 다 끝낸 사람을 찾아 쓰시오.

숙제를 다 끝내지 못했습니까?

아니요. 지오

네. 아인

⚙ 질문과 대답을 보고 강아지를 키우지 않는 사람을 찾아 쓰시오.

집에서 강아지를 키웁니까?

네. 지오

아니요. 아인

노크 포인트

"A입니까?"라고 물었을 때 "네."라고 하면 A가 맞고, "아니요."라고 하면 A가 아닙니다.
"A가 아닙니까?"라고 물었을 때 "네."라고 하면 A가 아니고, "아니요."라고 하면 A가 맞습니다.

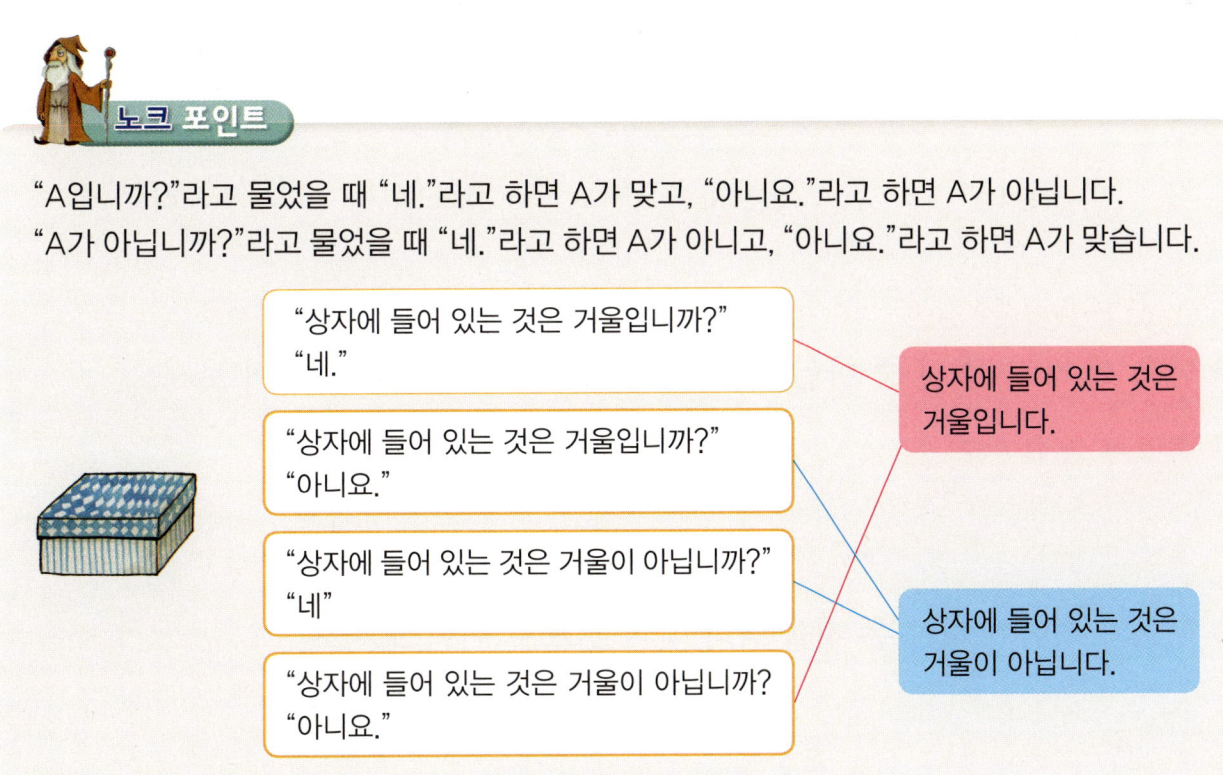

"상자에 들어 있는 것은 거울입니까?"
"네."

"상자에 들어 있는 것은 거울입니까?"
"아니요."

"상자에 들어 있는 것은 거울이 아닙니까?"
"네"

"상자에 들어 있는 것은 거울이 아닙니까?
"아니요."

상자에 들어 있는 것은
거울입니다.

상자에 들어 있는 것은
거울이 아닙니다.

 # 일대일 연결

지오와 친구들은 각각 택시, 승용차, 버스, 지하철 중 하나씩을 타고 박물관으로 갔습니다. 다음을 보고 네 사람이 각각 무엇을 타고 왔는지 알아봅시다.

❶ 네 친구의 이름과 탈 것을 나란히 적었습니다. 태경이가 타고 온 것을 찾아 선으로 이어 보시오.

❷ 남은 세 가지 탈 것 중 아인이가 타고 온 것을 찾아 선으로 이어 보시오.

❸ 지오와 초이가 타고 온 것을 각각 찾아 선으로 이어 보시오.

1 지오, 초이, 태경이는 서로 다른 악기를 한 가지씩 연주할 수 있습니다. 아이들이 연주할 수 있는 악기를 찾아 선으로 이어 보시오.

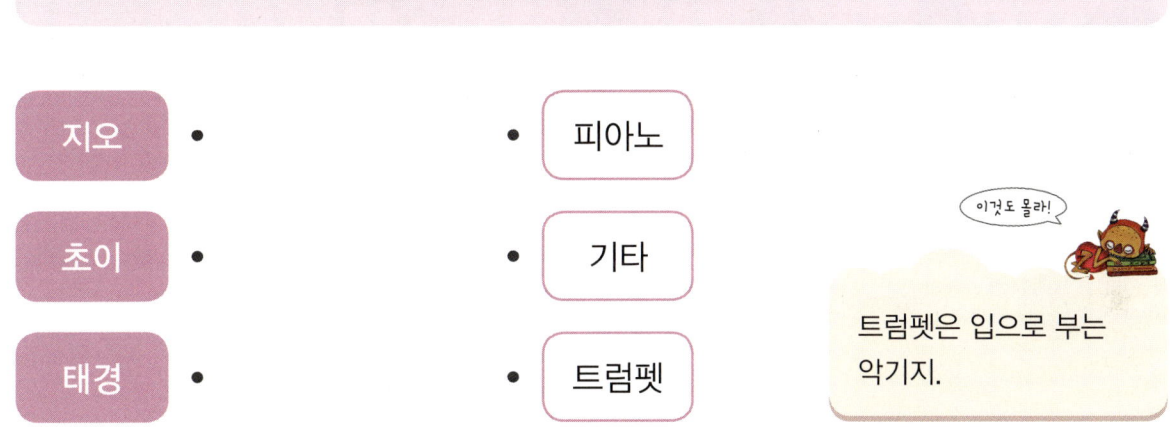

- 지오는 줄을 튕기는 악기를 연주할 수 있습니다.
- 초이는 입으로 부는 악기를 연주하지 못합니다.

지오 •   • 피아노

초이 •   • 기타

태경 •   • 트럼펫

이것도 몰라!

트럼펫은 입으로 부는 악기지.

[방과 후 목적지]

2 지오, 초이, 아인이는 학교를 마치고 각각 다른 곳으로 갑니다. 아이들이 오늘 가는 곳을 찾아 선으로 이어 보시오.

- 지오는 이틀에 한 번 수영장에 가는데 어제 다녀왔습니다.
- 아인이는 내일 수학 시험이 있어 오늘 학원에 갑니다.

지오 •   • 도서관

초이 •   • 수영장

아인 •   • 수학 학원

이것도 몰라!

어제 간 곳에 이틀에 한 번씩 가려면 내일 가야 한다는 것도 모를까?

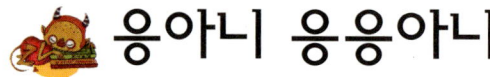 응아니 응응아니

다음 화살표 규칙을 보고 알맞은 모양을 찾아봅시다.

❶ ☐ 안에 알맞은 모양을 그려 넣으시오.

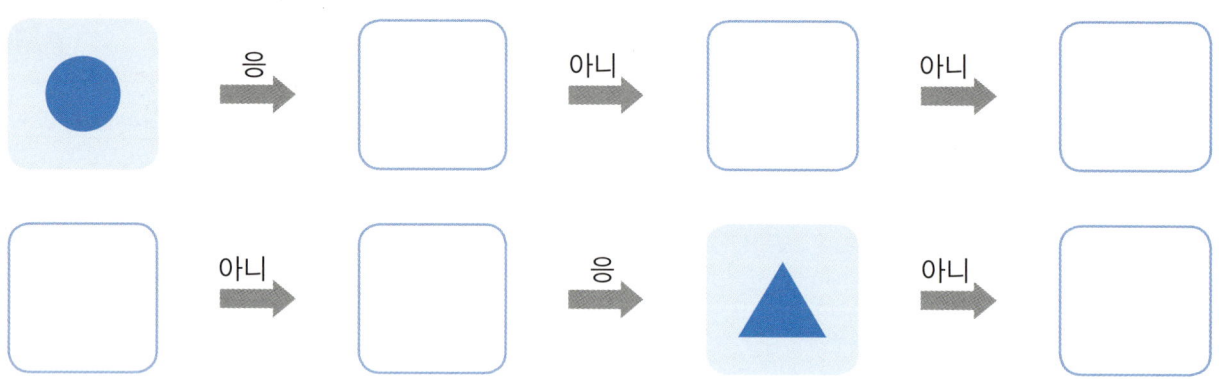

❷ 다음과 같이 화살표를 지났을 때 마지막 모양을 그려 넣으시오.

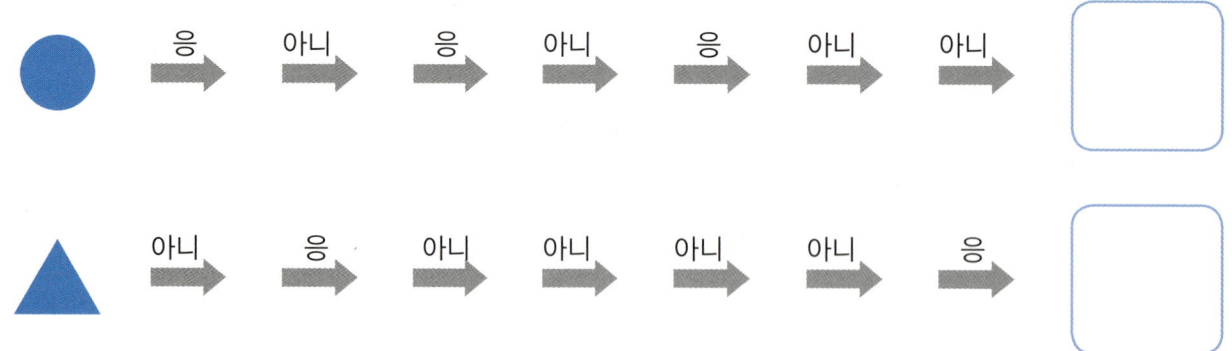

[네, 아니요 규칙]

1 규칙을 찾아 빈칸을 알맞게 채워 보시오.

[점 콕 또는 점 콕콕]

2 빈 곳에는 점이 1개 또는 2개가 들어갑니다. 화살표의 색깔을 보고 빈 곳에 점을 알맞게 그려 넣으시오.

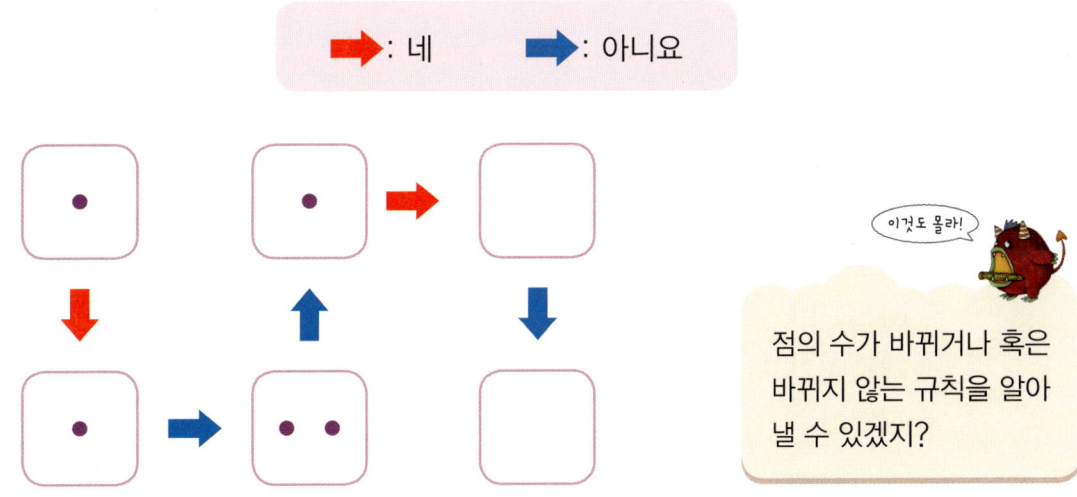

이것도 몰라!

점의 수가 바뀌거나 혹은 바뀌지 않는 규칙을 알아 낼 수 있겠지?

1 세 반이 서로 한 번씩 축구 경기를 해서 이긴 경기 수로 순위를 정합니다. 경기 결과를 보고 각 반별로 이긴 경기는 ◯, 진 경기는 ✕를 써넣어 표를 완성하고, 순위가 높은 반부터 차례로 써넣으시오.

경기 결과

1반 : 2반 = 1 : 2
2반 : 3반 = 2 : 1
1반 : 3반 = 2 : ◯

반	상대팀			이긴 횟수(번)
	1반	2반	3반	
1반	—	✕		
2반	◯	—		
3반			—	

☐ — ☐ — ☐

2 지오는 복숭아 5개, 아인이는 사과 6개, 태경이는 참외 3개를 가지고 있습니다. 다음 중 잘못된 것을 고르시오.

⊙ 지오가 아인이에게 복숭아 4개를 주면 아인이의 과일은 10개가 됩니다.

ⓛ 아인이가 태경이에게 사과 2개를 주면 태경이가 아인이보다 더 많은 과일을 가지게 됩니다.

ⓒ 지오가 태경이에게 복숭아 3개를 주면 아인이와 태경이가 가진 과일 수가 같아집니다.

ⓔ 태경이가 지오에게 참외 2개를 주면 지오와 아인이가 가진 과일 수가 같아집니다.

3 지오와 친구들은 다른 것을 하나씩 먹습니다. 아이들이 먹는 것을 찾아 선으로 이어 보시오.

- 초이는 치킨을 먹는 친구, 초콜릿을 먹는 친구와 함께 먹습니다.
- 아인이는 치킨을 먹지 않습니다.
- 지오는 밥이 들어간 음식을 먹습니다.

지오	아인	초이	태경

4 그림이 바뀌는 규칙을 찾아 빈칸에 알맞은 그림을 그리시오.

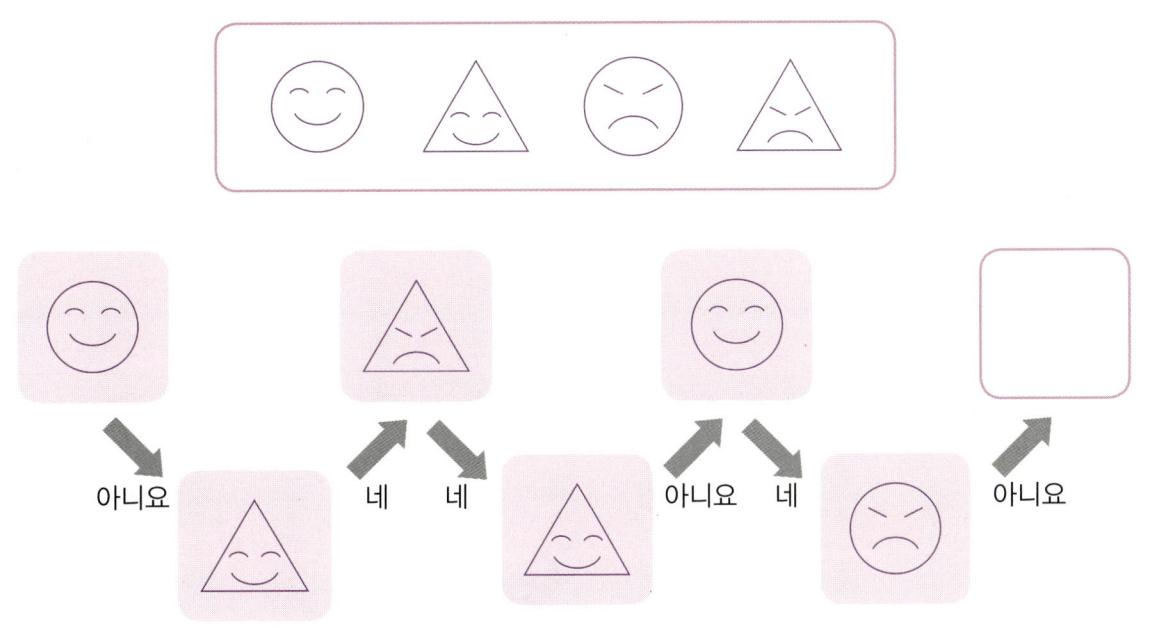

Chapter 4

위치 감각

초이가 친구들에게 유치원 때의 사진을 보여주었습니다.

오른쪽 두 번째가 나야. 왼쪽 끝에 있는 친구는 나랑 가장 친했던 친구이고, 바로 오른쪽 옆 친구는 장난을 심하게 쳤어.

이 사진은 줄을 서 있는 거야. 내 바로 뒤의 친구는 나랑 가장 많이 싸웠어. 내 앞의 친구는 나를 좋아했어.

다음 중 초이가 유치원에 다닐 때 가장 친했던 친구에 ◯ 표, 가장 많이 싸웠던 친구에 △ 표 하시오.

다섯 종류의 과일이 있습니다. 설명을 보고 빈칸에 알맞은 과일 이름을 써넣으시오.

> • 딸기 왼쪽에는 아무 것도 없습니다.
> • 바나나는 포도의 왼쪽에 있고, 바나나와 포도 사이에는 과일이 2개 있습니다.
> • 파인애플의 바로 오른쪽 옆에는 참외가 있습니다.

주어진 조건에 맞게 자리를 찾을 수 있습니다. 자리를 찾을 때는 간단한 그림을 그린 다음 앞, 뒤, 오른쪽, 왼쪽, 사이와 같이 방향이나 위치를 나타내는 조건에 맞게 그림을 완성합니다.

조건

해인이는 내 앞에, 주영이는 내 뒤에 서 있습니다.

→

경수는 주영이 뒤에 서 있습니다.

→

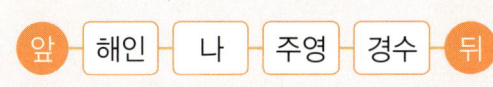

달리기 순위

울보, 딴소리, 한입, 장난 요괴가 달리기를 했습니다. 설명을 보고 꼬마 요괴들의 달리기 등수를 각각 알아봅시다.

울보 요괴 ─ 내 뒤에는 아무도 없어. 엉엉.

딴소리 요괴 ─ 나는 한입과 장난 사이에서 달리고 있었어.

한입 요괴 ─ 내 바로 뒤에는 울보가 있었어.

❶ 맨 뒤에 달리고 있는 꼬마 요괴는 누구입니까?

❷ 딴소리 요괴의 설명을 보고 I등, 2등, 3등으로 가능한 두 가지 경우를 찾아 이름을 써넣으시오.

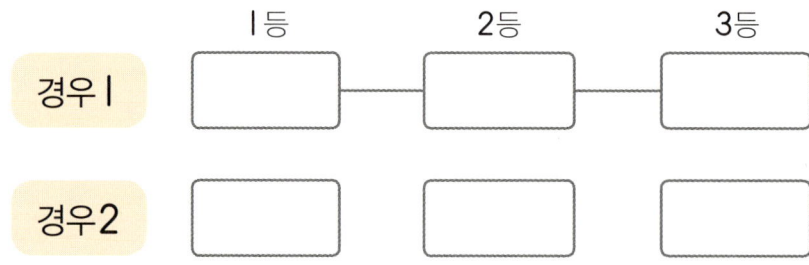

	I등	2등	3등
경우 I			
경우 2			

❸ 한입 요괴의 설명을 보고, 등수에 맞게 이름을 써넣으시오.

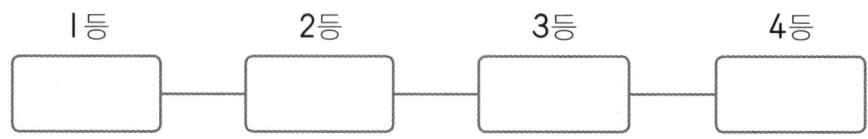

I등	2등	3등	4등

[병원 찾기]

1 안과, 치과, 소아과, 피부과의 위치를 찾아 써넣으시오.

> • 피부과는 치과와 안과 사이에 있습니다.
> • 소아과는 피부과와 안과 사이에 있습니다.

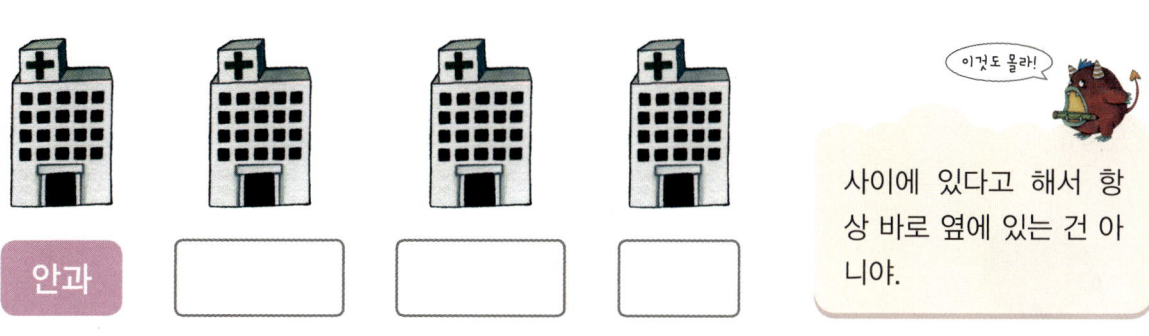

안과

이것도 몰라!

사이에 있다고 해서 항상 바로 옆에 있는 건 아니야.

[키 순서 번호]

2 아인, 지오, 초이, 태경이는 키 순서로 번호를 받기로 하였습니다. 다음 설명을 보고 키가 큰 순서대로 ☐ 안에 1부터 4까지 써넣으시오.

> • 아인이는 태경이보다 키가 작고 지오보다 키가 큽니다.
> • 초이는 아인이보다 키가 크고 태경이보다 작습니다.

| 아인 | 지오 | 초이 | 태경 |

우리 동네 약도

약도를 그려서 동네에 있는 여러 가게의 위치를 나타내려고 합니다. 약도의 빈 곳에는 각각 어떤 가게가 있는지 알아봅시다.

❶ 초이의 설명을 보고 약국과 과일 가게를 약도의 빈 곳에 알맞게 써넣으시오.

❷ 아인이와 지오의 설명의 보고 꽃 가게와 문구점을 약도의 빈 곳에 알맞게 써넣으시오.

1 초이, 아인, 태경, 지오는 모두 같은 4층짜리 건물의 다른 층에 삽니다. 설명을 보고 누가 몇 층에 사는지 찾아 빈 곳에 이름을 써넣으시오.

- 초이는 맨 아래층에 삽니다.
- 초이는 지오와 이웃하는 층에 있지 않습니다.
- 지오와 태경이는 이웃하는 층에 있습니다.
- 아인이가 지오를 보려면 한 층을 올라가야 합니다.

4층
3층
2층
1층

이것도 몰라!

아인이가 지오보다 한 층 아래에 있나 봐!

2 과일 가게, 채소 가게, 생선 가게, 정육점이 있습니다. 설명을 보고 빈 곳에 알맞은 가게의 이름을 써넣으시오.

- 정육점에서 채소 가게에 가려면 길을 건너야 합니다.
- 채소 가게는 길을 사이에 두고 생선 가게와 마주 보고 있습니다.

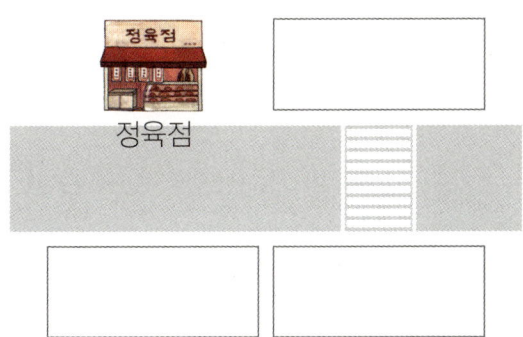

정육점

지도에 방향을 나타낼 때는 오른쪽과 같이 숫자 **4**를 닮은 모양을
그리고, 동쪽, 서쪽, 남쪽, 북쪽의 동서남북을 표시합니다.

아인이가 동서남북 방향을 이용해서 집 주변의 건물을 설명하고 있습니다.

우리 집 동쪽에 우체국이 있
고, 남쪽에 은행이 있어요. 은
행은 병원의 서쪽에 있어요.

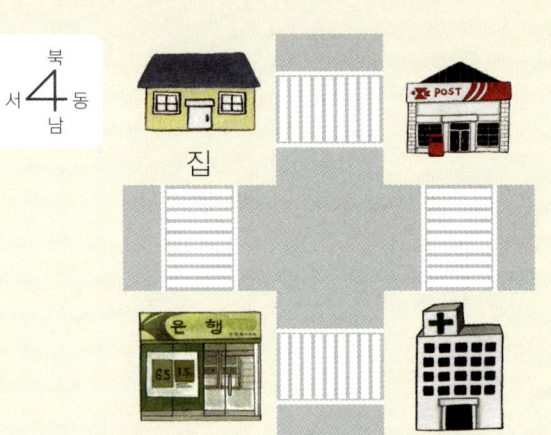

태경이가 아인이네 집을 찾아오다가 아인이에게 전화를 했습니다. ( ) 안의 말 중 알
맞은 것을 찾아 ◯표 하시오.

태경

지금 병원 앞에서 서쪽을 바라보고 서 있는데 앞에는 (은행 , 우체국)이 있고, 오
른쪽에는 (은행 , 우체국)이 있어.
앞으로 길을 건넌 다음 (동쪽 , 서쪽 , 남쪽 , 북쪽)으로 길을 한 번 더 건너면 되
는 거지?

🧭 초이 어머니께서는 초이의 생일을 맞아 생일상을 차려 주셨습니다. 그림을 보고 알맞은 위치를 찾아 ◯표 하시오.

- 두부는 미역국의 (동쪽 , 서쪽 , 남쪽 , 북쪽)에 있습니다.

- 생선은 케이크의 (동쪽 , 서쪽 , 남쪽 , 북쪽)에 있습니다.

노크 포인트

동서남북 방향은 기준이 되는 위치가 서4동(북남) 모양의 가운데라고 생각하면 됩니다.

오른쪽 지도에서
102동의 북쪽에 101동, 남쪽에 103동,
동쪽에 105동이 있습니다.
105동에서는 서쪽에 102동이 있고, 북쪽에
106동, 남쪽에 104동이 있습니다.

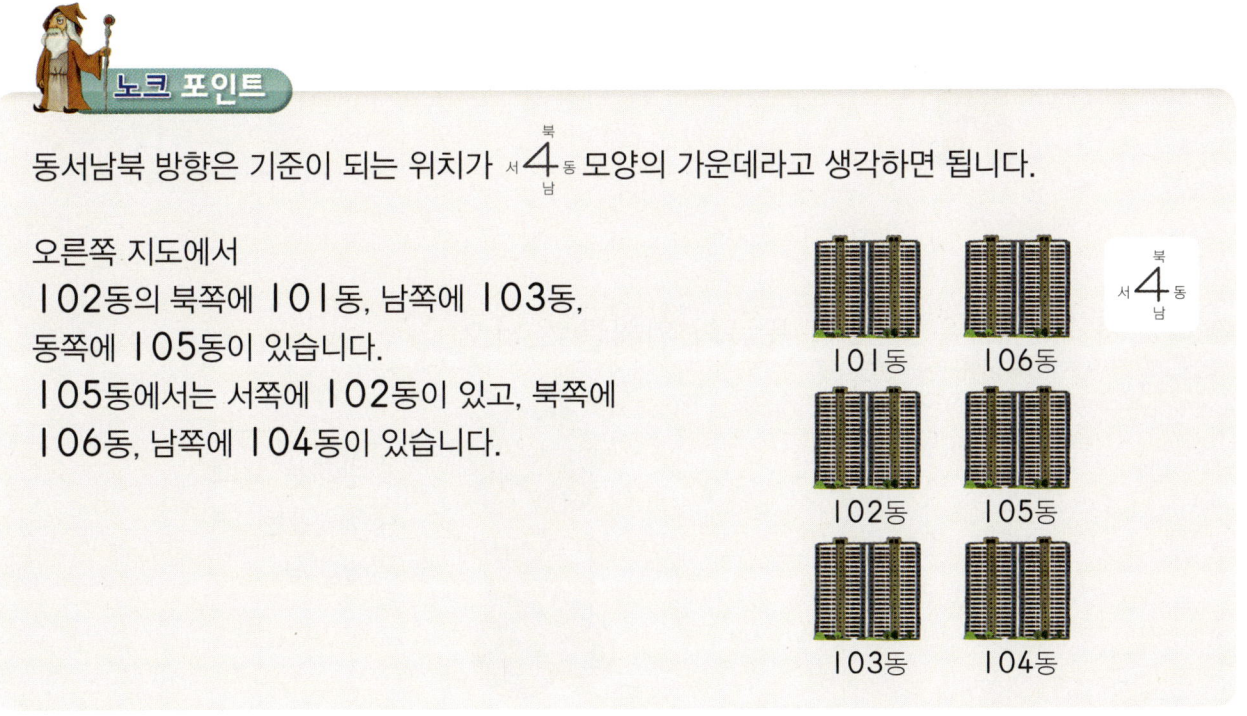

동물 우리 배치

동물원에 네 종류의 동물이 사는 우리가 다음과 같이 있습니다. 설명을 보고 각 동물의 위치를 알아봅시다.

> ㉠ 늑대는 여우의 북쪽에 붙어 있습니다.
> ㉡ 호랑이는 여우를 공격해서 서로 붙어 있지 않습니다.
> ㉢ 사자의 서쪽에는 붙어 있는 우리가 없습니다.

❶ ㉠을 보고 우리에 늑대, 여우의 이름을 두 가지 경우로 쓰시오.

늑대와 여우는 남북으로 붙어 있군. 늑대는 북쪽, 여우는 남쪽.

❷ 나머지 두 조건을 보고 각 동물의 위치를 쓰시오.

호랑이는 늑대 옆에 있는 게 확실하군.

[가구 배치]

1 지오네 집은 봄맞이 대청소에서 거실에 놓인 가구의 위치를 바꾸려고 합니다.
☐ 안에 가구나 물건의 이름을 알맞게 써넣으시오.

- 에어컨과 쇼파는 가장 멀리 떨어지게 놓았어요.
- TV는 쇼파의 서쪽에 두었어요.
- 화분은 햇볕을 받아야 해서 남쪽에 두었어요.

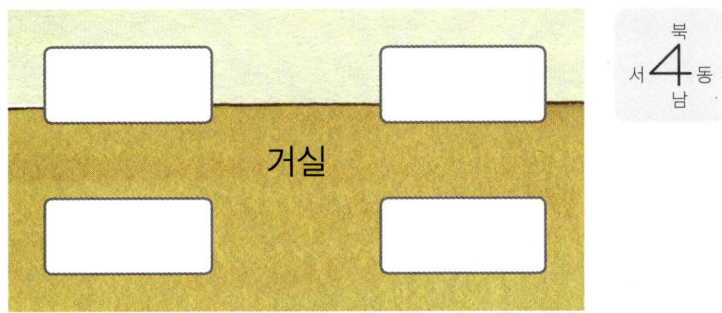

[집 찾기]

2 설명을 보고 친구들의 집을 찾아 ☐ 안에 이름을 써넣으시오.

- 초이네 집 남쪽에 태경이네 집이 있습니다.
- 지오네 집 북쪽에는 아인이네 집이 있고, 서쪽에는 태경이네 집이 있습니다.

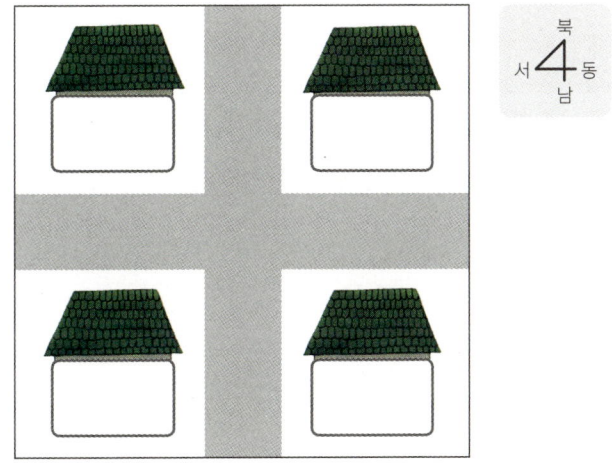

동서남북 몇 번째

지오네 가족과 태경이네 가족이 캠핑을 갔습니다. 캠핑장 지도에서 지오네 가족과 태경이네 가족의 텐트의 위치를 찾아봅시다.

우리 텐트는 입구에서 동쪽으로 8번째 줄, 북쪽으로 3번째 줄에 있어. 태경이네 텐트는 우리 자리에서 서쪽으로 5번째 줄에 있어.

지오

입구

❶ 지오네 텐트 자리의 기호를 쓰시오.

❷ 태경이네 텐트 자리의 기호를 쓰시오.

❸ 태경이네 자리를 입구에서 찾아오는 방법을 설명한 것입니다. 빈칸에 알맞은 수를 써넣으시오.

동쪽으로 ☐ 번째 줄, 북쪽으로 ☐ 번째 줄에 있습니다.

1 [자리 설명]

초이, 지오, 아인, 태경이는 같은 반입니다. 설명을 보고 네 친구들의 자리를 각각 찾아 ⃝표 하시오.

> 초이 : 1번째 줄 가운데 자리가 내 자리야.
> 지오 : 초이 자리에서 서쪽으로 두 칸 이동하면 내 자리야.
> 아인 : 내 자리는 지오 자리에서 북쪽으로 세 칸 이동한 위치에 있지.
> 태경 : 난 아인이 자리에서 동쪽으로 두 칸 이동한 자리야.

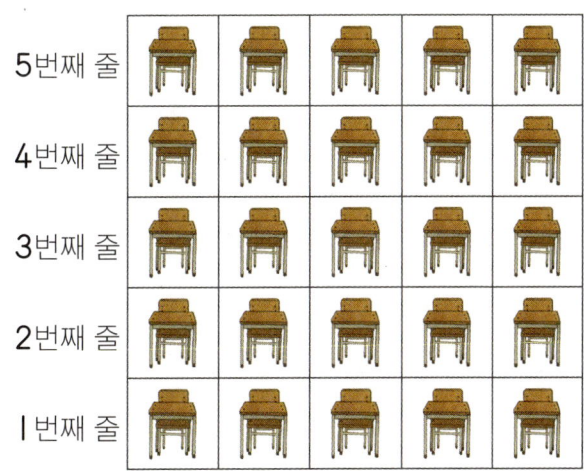

2 [한 동네 이사]

동욱이는 서쪽으로 2블록, 남쪽으로 1블록 옮긴 집으로 이사를 했습니다. 이사 오기 전에 동욱이네 집은 어디였는지 ⃝표 하시오.

방향을 거꾸로 생각해.

다음에서 설명하는 나는 어디에 있는 동물일까요? 표의 가로줄을 1, 2, 3, 4, 세로줄을 A, B, C, D로 정했습니다.

• 세로줄 B에는 나와 같은 동물이 없습니다.
• 나는 염소나 다람쥐가 아닙니다.
• 나는 가로줄 3에 있지 않습니다.

표에서 세로줄 B에 있는 동물과 같은 동물을 찾아 모두 ×표 하시오.

염소와 다람쥐에 모두 ×표 하시오.

나는 어떤 종류의 동물입니까?

☐ 안에 알맞은 숫자나 기호를 써넣으시오.

나는 세로줄 ☐ , 가로줄 ☐ 에 있습니다.

다음은 태경이와 아인이가 다니는 체육관의 운동 시간표입니다. 설명을 보고 이번 주에 태경이와 아인이가 함께 한 운동을 찾아 쓰시오.

- 태경이와 아인이는 이번 주 8시에 함께 체육관에 갔습니다.
- 태경이와 아인이가 체육관에 간 날에는 야구 시간이 없었습니다.

	월	화	수	목	금
6시	배드민턴	배드민턴	야구	축구	야구
7시	야구	농구	축구	탁구	탁구
8시	농구	테니스	수영	야구	축구
9시	탁구	탁구	탁구	태권도	줄넘기

노크 포인트

세로줄과 가로줄에 숫자나 기호를 정하여 위치를 나타낼 수 있습니다.

오른쪽 표에 놓인 과일의 위치를 (　,　)를 사용하여 다음과 같이 나타낼 수 있습니다.

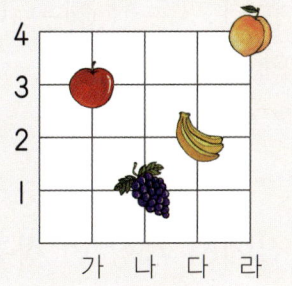

🍎 (가, 3)　🍌 (다, 2)
🍇 (나, 1)　🍑 (라, 4)

이와 같이 (세로줄 번호, 가로줄 번호)로 위치를 나타내는 것을 순서쌍이라고 합니다.

 정류장까지의 거리

태경이네 집 근처의 버스 정류장을 지도에 나타내고, 집에서 가장 가까운 정류장과 가장 먼 정류장을 각각 알아봅시다.

우리 집 근처에는 버스 정류장이 4군데 있어.

❶ 오른쪽 표는 지도를 간단하게 나타낸 것입니다. 태경이네 집 근처의 버스 정류장의 위치를 표에 모두 표시하시오.

버스 정류장의 위치

㉠ (나, 4) ㉡ (바, ㅣ)

㉢ (라, 2) ㉣ (가, 4)

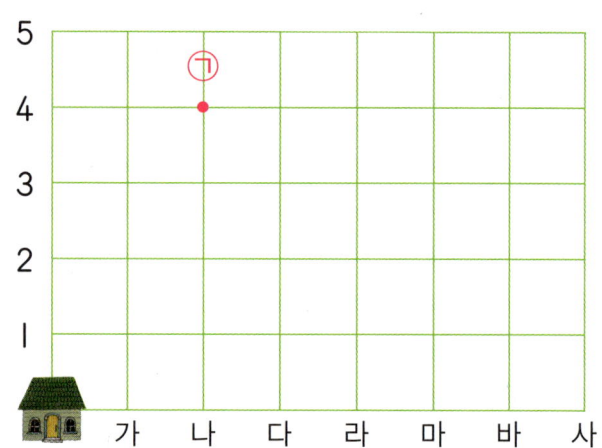

❷ 표의 가로와 세로 ㅣ칸의 길이가 모두 같고, 표의 선을 따라 길이 나 있을 때, 집에서 가장 가까운 정류장의 기호를 쓰시오.

❸ 집에서 가장 먼 정류장의 기호를 쓰시오.

1 **[바둑돌 그리기]**
지오와 아인이가 함께 오목을 두고 있습니다. 지오는 흰 돌, 아인이는 검은 돌일 때, 두 사람의 생각을 보고 알맞은 위치에 바둑돌을 하나씩 그려 넣으시오

(사, 3) 자리에 두어서 비스듬히 5개를 만들 거야.

지오

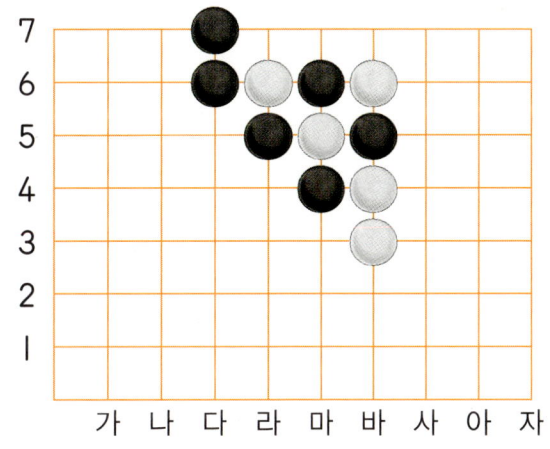

흰 돌이 다섯 개가 되는 걸 막으려면 (아, 2) 자리에 두어야지!

아인

2 **[점 연결하기]**
다음과 같은 순서대로 점을 찍고 차례대로 점을 선으로 연결해 보시오.

(가, 4) → (다, 5) → (라, 7) →
(마, 5) → (사, 4) → (마, 3) →
(바, 1) → (라, 2) → (나, 1) →
(다, 3) → (가, 4)

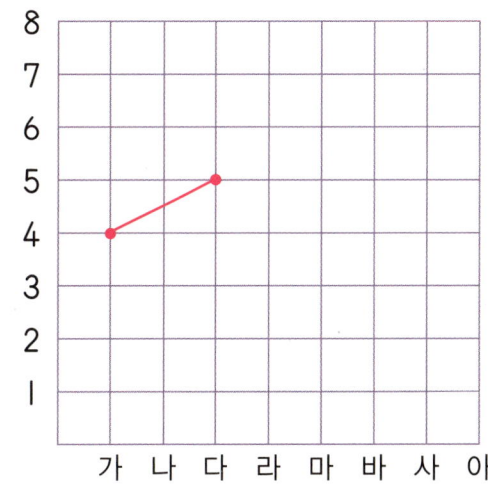

숨은 그림 찾기

세로줄과 가로줄에 번호를 정하고, (세로줄 번호, 가로줄 번호)와 같이 위치를 나타낸 것을 순서쌍이라고 합니다.

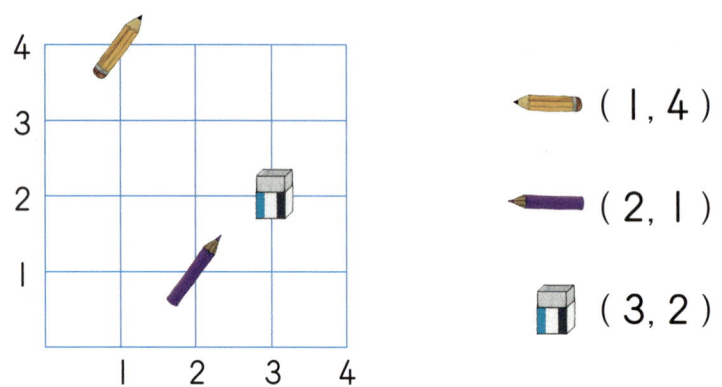

숨은 그림을 찾아 위치를 순서쌍으로 표시하시오.

1 장난감들이 어디 있는지 순서쌍으로 위치를 표시해 보시오.

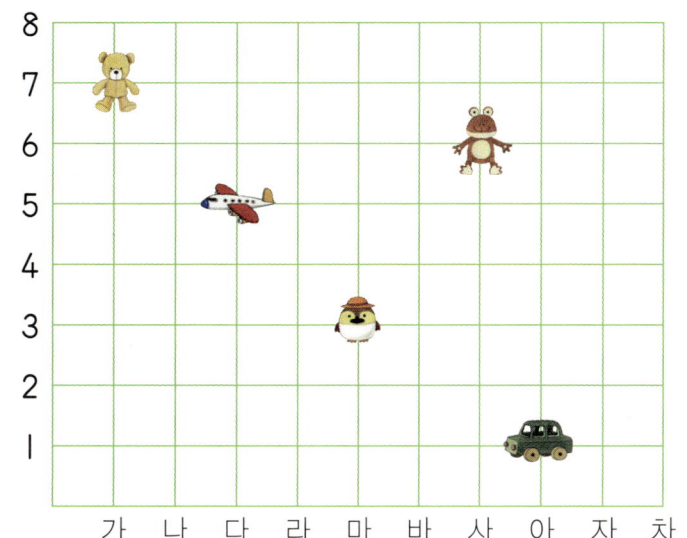

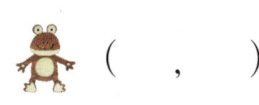

(가 , 7)

(,   )

(,   )

(,   )

(,   )

[어디 숨어 있을까]

2 숨은 그림을 찾아 위치를 순서쌍으로 표시하시오.

♪ (,   )

(,   )

♥ (,   )

(,   )

창의적 문제해결력

1 고깃집, 횟집, 중국집, 분식집이 나란히 있습니다. 설명을 보고 위치를 찾아 써넣으시오.

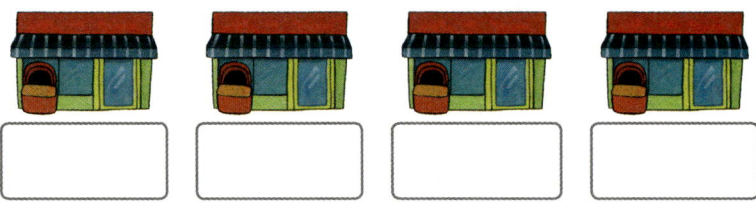

- 중국집은 분식집의 오른쪽에 있습니다.
- 고깃집은 중국집과 분식집 사이에 있습니다.
- 분식집의 왼쪽에는 횟집이 있습니다.

2 길가에 있는 집의 위치를 설명한 것 중 잘못된 것을 고르시오.

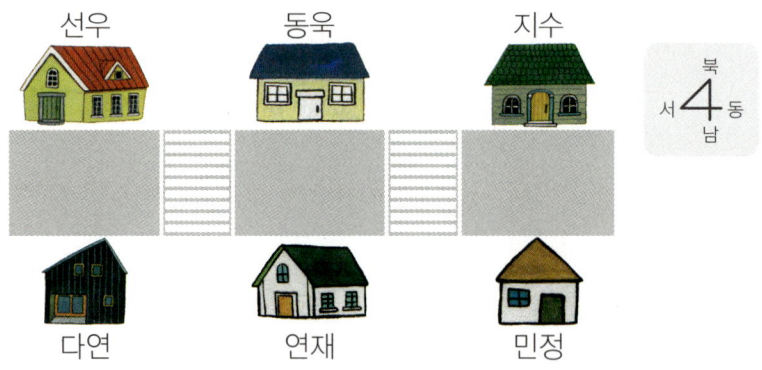

① 지수네에서 연재네로 가려면 길을 건너서 서쪽으로 가야 합니다.

② 동욱이네의 서쪽에는 선우네가 있고, 동쪽에는 지수네가 있습니다.

③ 동욱이네와 지수네가 이웃하고, 연재네와 민정이네도 이웃합니다.

④ 다연이네에서 길을 건너 서쪽으로 가면 동욱이네가 있습니다.

3 ☐ 안에 알맞은 수나 말을 써넣으시오.

- 고양이는 토끼가 있는 곳에서 동쪽으로 ☐ 칸, 북쪽으로 ☐ 칸 움직이면 됩니다.

- 강아지는 원숭이가 있는 곳에서 서쪽으로 ☐ 칸, ☐ 쪽으로 3칸 움직이면 됩니다.

4 지오는 태경이와 아인이가 갔던 곳을 지나가지 않고, 초이가 있는 곳까지 가려고 합니다. 지오가 갈 수 있는 가장 짧은 길을 그려 보시오.

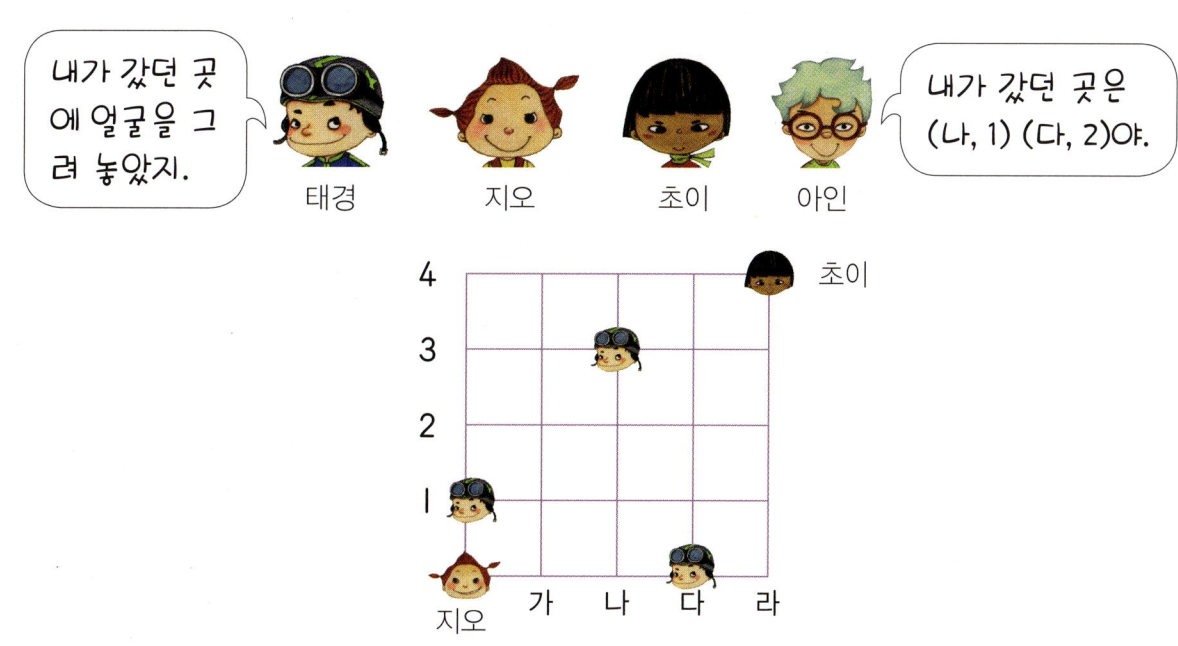

MEMO

정답및 해설

해결
전략

A4

(8~9세)

누구나 쉽고 재미있게
사고력
수학

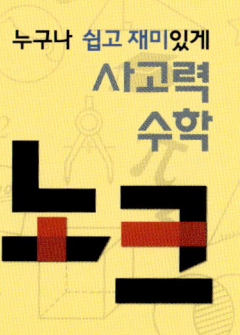

천재교육

누구나 쉽고 재미있게

사고력
수학

누크

정답 및 해설

누구나
쉽고 재미있게

사고력 수학

A4
(8~9세)

해결전략

논리와 퍼즐

1 선 잇기 퍼즐

다음과 같이 둘씩 짝을 지어 잇는 퍼즐을 짝짓기 퍼즐이라고 합니다.

조건
· 관계있는 것끼리 짝을 지어 선으로 잇습니다.
· 선은 가로나 세로로만 이을 수 있고, 한 칸에 한 번만 지납니다.
· 선이 지나지 않는 빈칸이 있으면 안 됩니다.

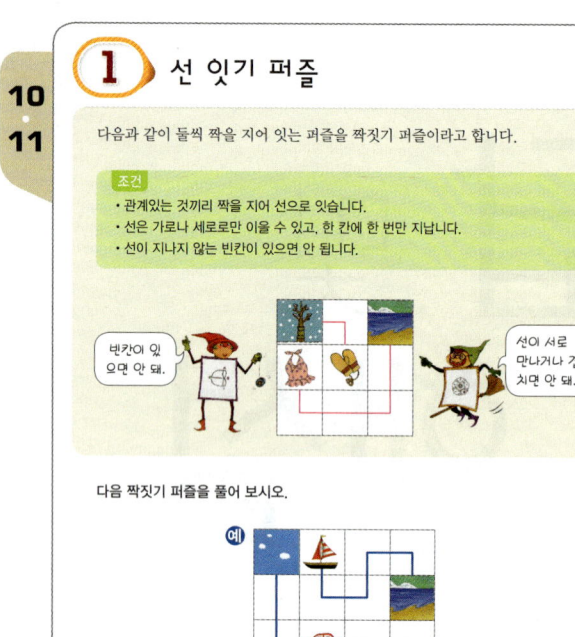

빈칸이 있
으면 안 돼.

선이 서로
만나거나 겹
치면 안 돼.

다음 짝짓기 퍼즐을 풀어 보시오.

예

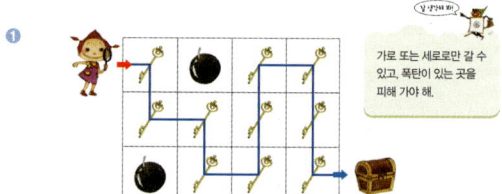

여러 가지 방법이 있습니다.

💡 **조건** 에 맞게 선으로 이어 보시오.

조건
· 관계있는 것끼리 짝을 지어 선으로 잇습니다.
· 선은 가로나 세로로만 이을 수 있고, 한 칸에 한 번만 지납니다.
· 선이 지나지 않는 빈칸이 있으면 안 됩니다.

예

여러 가지 방법이 있습니다.

🧙 **체크 포인트**

짝짓기 퍼즐을 풀 때에는 관계있는 다른 것을 연결할 수 없거나 빈칸이 생기지 않게 주의해야
합니다.

○끼리는 서로 이
을 수 없습니다.

×끼리 이어도 빈
칸이 생깁니다.

관계있는 것끼리
빈칸 없이 이어야
합니다.

🛡️ 폭탄 피하기

보물을 얻으려면 모든 방에 있는 열쇠를 모아서 보물이 있는 곳까지 가야 합니다. 보물
을 찾아 가는 길을 그려 봅시다. (단, 한 칸에 한 번만 지나고 폭탄이 있는 방에는 들어
가면 안 됩니다.)

가로 또는 세로로만 갈 수
있고, 폭탄이 있는 곳을
피해 가야 해.

❶

❷ 예

여러 가지 방법이 있습니다.

[밤송이 피하기]

1 초이는 모든 칸에 있는 밤을 다 주워서 나가려고 합니다. 가로 또는 세로 방향으
로만 갈 수 있고, 밤송이가 있는 칸은 피해서 갈 때, 초이가 밤을 주워서 나가는
길을 그려 보시오. (단, 한 번 지나간 칸은 다시 지나갈 수 없습니다.)

예

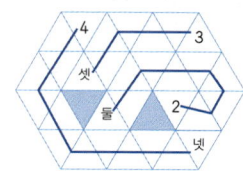

여러 가지 방법이 있습니다.

[선 잇기 퍼즐]

2 **조건** 에 맞게 선으로 이어 보시오.

조건
· 관계있는 것끼리 짝을 지어 선으로 잇습니다.
· 색칠한 칸을 빼고 모든 칸을 지나갑니다.
· 한 번 지나간 칸은 다시 지나갈 수 없습니다.

2는 둘, 3은 셋, 4는 넷!

🦉 같은 것 잇기

수학 요정의 카드에 적힌 조건에 맞게 같은 도형끼리 이어 봅시다.

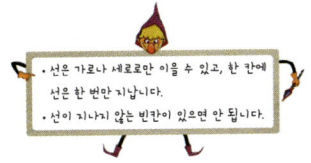

• 선은 가로나 세로로만 이을 수 있고, 한 칸에
  선은 한 번만 지납니다.
• 선이 지나지 않는 빈칸이 있으면 안 됩니다.

❶ 오른쪽과 같이 ★을 이으면 연결할 수 없는 도형
  이 생깁니다. 연결할 수 없는 도형을 찾아보시오.

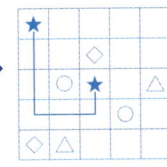

❷ 오른쪽과 같이 ★을 이으면 다른 도형을 모두 이어
  도 선이 지나갈 수 없는 칸이 생깁니다. 이 칸을 모
  두 찾아 색칠하시오.

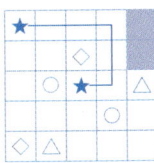

❸ 조건에 맞게 같은 도형끼리 모두 이어 보시오.

[같은 숫자 연결하기]

1 조건에 맞게 선을 이으시오.

조건
• 같은 숫자끼리 연결합니다.
• 선은 가로나 세로로만 이을 수 있고, 한 칸에
  선은 한 번만 지납니다.
• 선이 지나지 않는 빈칸이 있으면 안 됩니다.

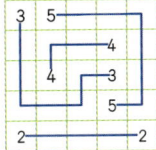

[같은 그림 연결하기]

2 같은 그림끼리 선을 이으시오.

선은 한 칸에
한 번만 지나
갈 수 있어.

선이 지나지
않는 빈칸이
있으면 안 돼.

② 사다리타기

지오는 친구들과 아이스크림을 사러 갈 사람을 정하기 위해 사다리타기 게임을
하려고 합니다.

사다리타기 게임의 규칙

각자 선택한 세로줄을 따라 아래로 내려가다가 가로줄을 만나면 가로줄을 따라가고, 다
시 세로줄을 만나면 아래로 내려가는 것을 되풀이합니다.

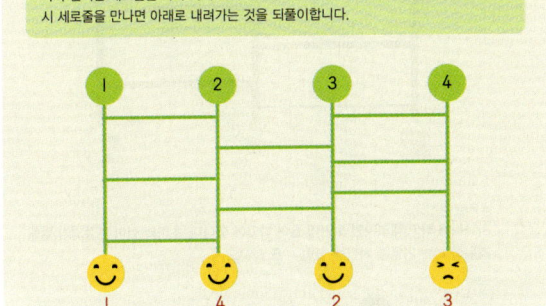

사다리타기 게임을 해서 😣 얼굴이 걸린 사람이 아이스크림을 사오기로 하였습니다.
각자 고른 번호를 보고 아이스크림을 사러 가야 하는 사람의 이름을 쓰시오. **지오**

지오 (3번) 초이 (1번) 태경 (4번) 아인 (2번)

⏱ 사다리타기를 해서 1등부터 4등까지 받을 수 있는 선물을 각각 찾으시오.
1등: 냉장고, 2등: TV, 3등: 컴퓨터, 4등: 휴대 전화

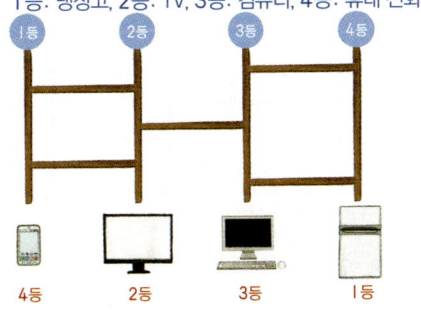

4등   2등   3등   1등

🧙 노크 포인트

사다리타기는 한 사람이 하나씩 결과가 나오는 게임입니다. 사다리 그림에 가로줄을 하나 더 그리면 두
사람의 결과가 처음과 서로 바뀌게 됩니다.

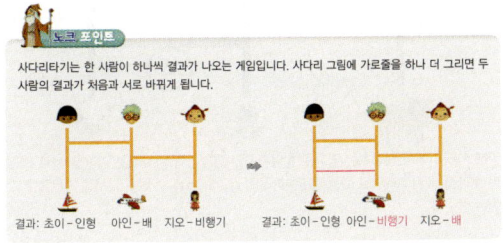

결과: 초이 - 인형 아인 - 배 지오 - 비행기   결과: 초이 - 인형 아인 - 비행기 지오 - 배

🐧 사다리 연산

처음 시작한 수에서 사다리를 타고 내려가면서 만나는 계산을 한 값이 마지막 수가 되는 사다리 연산이 있습니다. 빈칸에 알맞은 수를 구해 봅시다.

❶ ☐ 안에 알맞은 수를 써넣으시오.

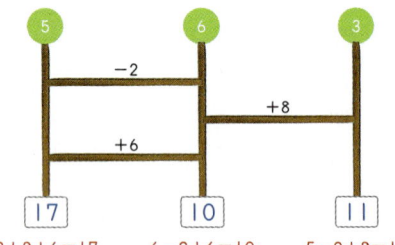

3+8+6=17   6−2+6=10   5−2+8=11

❷ 같은 사다리에서 처음 시작한 수를 바꾸어 다음과 같은 결과가 나왔습니다. ☐ 안에 알맞은 수를 써넣으시오.

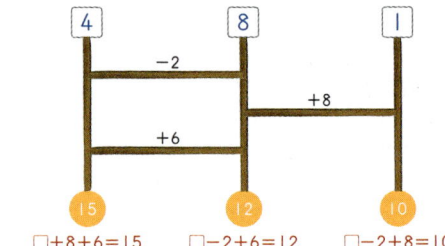

☐+8+6=15   ☐−2+6=12   ☐−2+8=10

[사탕 사다리]

1 지오, 아인, 초이는 처음 가진 사탕의 수에서 사탕을 더하거나 빼는 사다리를 탑니다. 사다리타기 후에 가장 적은 사탕을 가지는 사람은 누구입니까? 초이

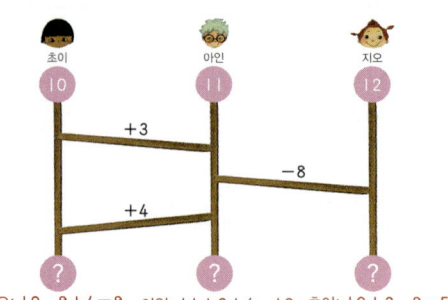

지오: 12−8+4=8   아인: 11+3+4=18   초이: 10+3−8=5

[거꾸로 찾기]

2 ☐ 안에 알맞은 수를 써넣으시오.

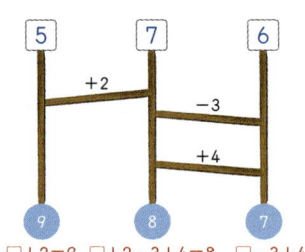

사다리를 거꾸로 타고 올라가면 +는 −로, −는 +로 바뀐다고 생각해.

☐+2=9   ☐+2−3+4=8   ☐−3+4=7

🦫 사다리 고치기

사다리가 잘못되어 아기 동물들이 엄마에게 갈 수 없습니다. 아기 동물들이 모두 엄마를 찾아가도록 가로줄을 한 개 그어 봅시다.

아기 동물들이 모두 엄마를 찾아갈 수 있으려면 가, 나, 다, 라 중 어디에 가로줄을 그어야 하는지 찾아 ◯표 하시오.

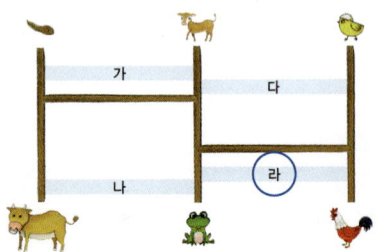

원래 사다리에서 송아지는 엄마를 찾아가지만 올챙이와 병아리는 엄마를 서로 바꾸어 찾아갑니다. 그러므로 올챙이와 병아리의 결과가 바뀔 수 있는 위치에 가로줄을 그어야 합니다.

[올바르게 짝짓기]

1 양말, 장갑, 귀걸이가 하나씩 떨어져 있습니다. 올바르게 짝지을 수 있도록 가로줄을 하나 더 그어 보시오.

3개의 선 중 하나를 그으면 정답입니다.

[사다리 집 찾기]

2 사다리를 타고 내려가면 초이네 집이 나와야 합니다. 초이와 집이 연결되기 위해 지워야 하는 가로줄 하나를 찾아 ✕표 하시오.

가로줄 5개를 다 지우면 될 텐데······.

3 낱말 퍼즐

초이는 교실 뒤에 붙일 수 있도록 종이에 글자를 크게 인쇄해 오는 일을 맡았습니다. 그런데 글자를 인쇄한 종이를 꺼내 보니 교실에 붙이기로 했던 말이 생각이 나지 않습니다.

글자의 순서를 바꾸어서 교실 뒤에 붙이기로 한 말이 무엇인지 쓰시오.

준비한 말에 필요한 글자를 하나씩 빠뜨린 친구들이 있습니다. ☐ 안에 빠진 글자를 써넣고, 글자의 순서를 바꾸어 나타내려고 하는 말을 쓰시오. 크리스마스, 감기조심

---

① ◯ 안에 들어가는 글자는 연결된 글자들과 만나 한 낱말이 됩니다. ◯ 안에 알맞은 글자를 써넣으시오.

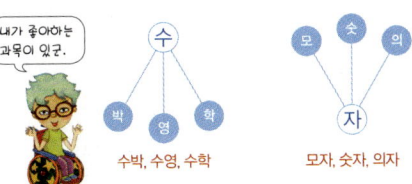

수박, 수영, 수학   모자, 숫자, 의자

① ☐ 안에 들어갈 글자들을 왼쪽부터 나란히 쓰면 한 낱말이 됩니다. 빈칸을 모두 알맞게 채워 보시오.

노른자 포인트

낱말 퍼즐은 가로, 세로 낱말 퍼즐과 끝말잇기가 있습니다. 낱말 퍼즐은 주어진 글자로 여러 가지 단어를 연상하는 어휘력을 필요로 합니다.

'ㄱ'로 시작하는 단어			
가방	가발	가수	가지
가정	가로수	가위	가족

'ㄱ'로 끝나는 단어			
국가	요가	마징가	사랑가
전문가	평가	참가	회가

이외에도 여러 가지 규칙에 맞는 단어를 찾을 수 있습니다.

낱말 잇기

여러 가지 규칙으로 낱말 잇기를 해 봅시다.

① 끝말잇기를 완성하시오.

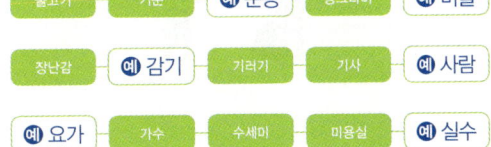

② 낱말들의 공통된 규칙을 찾아 빈칸에 알맞은 낱말을 써넣으시오.

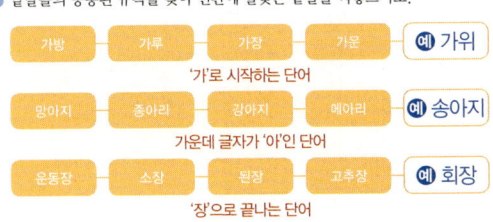

[낱말 찾아 선 잇기]

1 붙여서 새로운 낱말이 되는 것을 찾아 이어 보시오.

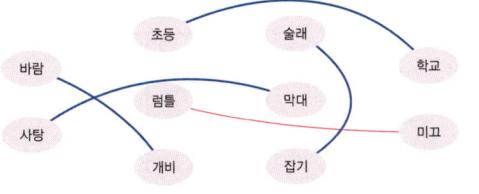

[낱말의 규칙]

2 규칙을 찾아 빈 곳에 알맞은 기호를 쓰시오.

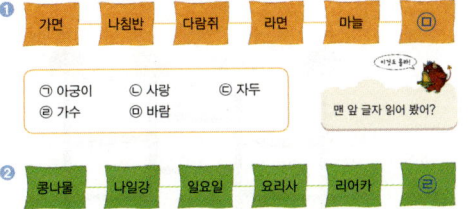

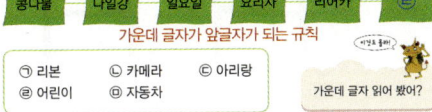

정답 및 해설 **5**

🐻 단어 만들기

26
27

자음과 모음을 선을 따라 연결하여 만들 수 있는 낱말을 찾아봅시다.

❶ 다음과 같이 선을 이어서 낱말을 만들었습니다. 같은 방법으로 한 글자와 두 글자 낱말을 하나씩 더 찾아서 빈칸에 써넣으시오.

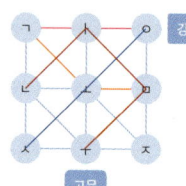

강

한 글자: **예** 옷
두 글자: **예** 나무

고무

❷ 같은 방법으로 찾을 수 있는 한 글자 또는 두 글자 낱말을 5개 쓰시오.

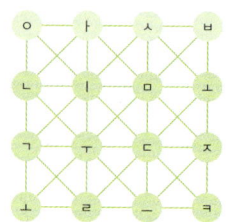

예 이모, 시구, 김, 굴, 봄, 물, 나무, 귀, 기아, 미소, 들, 둘, 상, 산, 기도, 도시, 시도, 나이, 미사, 사모, 사무, 무고, 무기

---

1 [묻어진 글자]
종이가 찢어져 글자들이 하나씩 흩어져 있습니다. 흩어진 글자를 모아 만들 수 있는 여러 가지 낱말 중 6개를 쓰시오.

예 한글, 우리, 한라산, 우산, 산소, 라면, 소라, 소리, 한우

우 라 글
소 한 면 산 리

2 [낱말 묶기]
오른쪽이나 아래쪽으로 글자를 읽었을 때, 두 글자 또는 세 글자 낱말이 되는 것을 모두 찾아 묶어 보시오.

장	미	병	개
귀	용	아	나
교	상	오	리
통	고	후	모

5개나 더 있어!

🧑 창의적 문제해결력

28
29

1 주어진 숫자만큼의 칸으로 된 반듯한 네모 모양으로 나누어 보시오. (단, 네모 모양끼리 겹치지 않게 나누어야 합니다.)

2			2
	8		
			5
4		4	

2 초이와 친구들은 사다리타기를 하여 가로줄에서 오른쪽으로 갈 때마다 2점, 왼쪽으로 갈 때마다 1점을 얻는 게임을 합니다. 친구들이 다음과 같이 사다리를 골랐을 때, 점수가 가장 낮은 사람은 누구입니까? **태경**

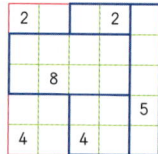

초이   지오   아인   태경

3   4   5   6
태경   아인   지오   초이

동영상 특강
QR 코드를 찍어 보세요!!!

3 아인이와 태경이가 끝말잇기를 합니다. 말풍선을 알맞게 채워 보시오.

예 ① 산수
영화
예 가족

예 수영
④ 화가

4 주어진 자음과 모음을 가로, 세로 방향으로 연결하면 여러 가지 낱말을 만들 수 있습니다. 다음 중 만들 수 없는 단어를 고르시오. ㉡

ㅊ	ㅣ	ㄴ	ㄱ	ㅜ
ㅇ	ㅗ	ㅁ	ㅜ	ㄹ
ㅓ	ㅎ	ㅜ	ㅇ	ㅅ
ㄱ	ㅑ	ㄹ	ㅓ	ㅜ
ㅣ	ㅗ	ㅗ	ㅇ	ㅣ

㉠ 친구   ㉡ 빙수
㉢ 나물   ㉣ 춤
㉤ 연기

6   A4 해결전략

문제 해결 전략

4 표 이용하기

태경이와 초이가 다트를 3번 던져서 맞힌 점수의 합이 큰 사람이 이기는 게임을 하고 있습니다. 초이가 먼저 다트를 던져서 5점을 얻었습니다.

1점에 1개, 2점에 2개 맞혀서 5점이야.

초이

그럼 6점만 맞혀도 내가 이기겠네? 그 정도야 문제 없지!

태경

태경이는 다트를 3번 던져 6점을 얻는 방법을 모두 알아보려고 합니다. 다음 표를 알맞게 채워 보시오.

3점	2	1	0
2점	0	1	3
1점	0	1	0
0점	1	0	0
점수의 합	3+3=6	3+2+1=6	2+2+2=6

태경이가 다트를 3번 던져 6점을 얻는 방법은 모두 몇 가지 있습니까? 3가지

색종이 7장을 태경이와 초이가 적어도 1장씩 나누어 가지려고 합니다. 두 사람이 색종이를 나누어 가지는 방법은 모두 몇 가지인지 표를 이용하여 구하시오.
6가지

태경이의 색종이 수(장)	1	5	3	4	2	6
초이의 색종이 수(장)	6	2	4	3	5	1

위의 표에서 초이가 태경이보다 색종이를 3장 더 많이 가지는 방법을 찾아 표시하시오. 초이가 태경이보다 색종이를 3장 더 많이 가지려면 7장 중 몇 장을 가져야 합니까? 5장

난 태경이보다 3장 더 많이 가져갈 거야.

초이

노크 포인트

표를 이용하여 여러 가지 경우의 가짓수와 조건에 맞는 답을 찾을 수 있습니다.

합이 10, 차가 4인 두 수를 표를 이용하여 구하기

큰 수	10	9	8	7	6
작은 수	0	1	2	3	4
두 수의 합	10	10	10	10	10
두 수의 차	10	8	6	4	2

합이 10인 두 수를 차례대로 표에 써서 차가 4인 경우를 찾으면 두 수는 7과 3입니다.

🦝 사탕 나누어 먹기

아인, 초이, 지오가 사탕 16개를 나누어 가졌습니다. 다음을 보고 세 친구가 각각 가진 사탕의 수를 구해 봅시다.

나는 초이보다 사탕을 2개 적게 갖고 있어.

아인

우리 3명이 나누어 가진 사탕은 모두 16개야.

초이

너희 둘이 가진 사탕을 더하면 내가 가진 것과 같아지네.

지오

❶ 초이의 사탕이 2개부터 1개씩 많아질 때, 주어진 조건에 맞게 표를 완성해 보시오.

초이의 사탕(개)	2	3	4	5	6
아인이의 사탕(개)	0	1	2	3	4
지오의 사탕(개)	2	4	6	8	10
사탕 수의 합(개)	4	8	12	16	20

초이와 아인이의 사탕 수를 더하면 지오의 사탕 수를 알 수 있지.

❷ 표에서 사탕 수의 합이 16개인 경우를 찾아 세로줄을 색칠하시오.

❸ 세 친구가 각각 나누어 가진 사탕의 수를 구하시오.

초이: 5 개   아인: 3 개   지오: 8 개

[합과 차를 알 때]

1 1반과 2반이 피구 시합을 해서 2반이 2점 차로 이겼습니다. 두 반의 점수의 합이 12점일 때, 2반은 몇 점인지 표를 이용하여 구하시오. 7점

1반 점수(점)	6	5	4	3	2
2반 점수(점)	6	7	8	9	10
점수의 차	0	2	4	6	8

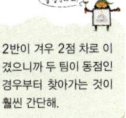

2반이 겨우 2점 차로 이겼으니까 두 팀이 동점인 경우부터 찾아가는 것이 훨씬 간단해.

[남은 쪽수가 같아지는 날]

2 지오는 45쪽짜리 책을 하루에 3쪽씩 읽고, 아인이는 55쪽짜리 책을 하루에 5쪽씩 읽습니다. 두 사람이 책을 읽기 시작한지 며칠째에 남은 책의 쪽수가 같아지는지 표를 이용하여 구하시오. 5일째

날수	1일	2일	3일	4일	5일	6일
지오의 남은 쪽수	42	39	36	33	30	27
아인이의 남은 쪽수	50	45	40	35	30	25

정답 및 해설 **7**

🦫 계단 오르기

끝까지 올라가는 데 12칸이 있는 계단이 있습니다. 계단을 지오는 한 칸씩, 초이는 두 칸씩, 태경이는 세 칸씩 올라갈 때, 세 친구가 모두 밟게 되는 계단은 몇 칸인지 구해 봅시다.

(말풍선) 우리 모두가 밟게 되는 계단은 몇 칸이나 있을까?

❶ 맨 아래 계단 칸부터 번호를 붙였을 때, 각자 밟게 되는 칸에 ○표 하시오.

칸	1	2	3	4	5	6	7	8	9	10	11	12
지오	○	○	○	○	○	○	○	○	○	○	○	○
초이		○		○		○		○		○		○
태경			○			○			○			○

❷ 세 친구가 모두 밟게 되는 계단은 몇 칸입니까? **2칸**
표에서 세 친구가 모두 밟게 되는 칸은 아래에서부터 6번째, 12번째 칸입니다.

같은 방법으로 20칸이 있는 계단을 올라갈 때, 세 친구가 모두 밟게 되는 계단은 몇 칸인지 구하시오. **3칸**
세 명 모두 밟게 되는 칸은 아래에서부터 6번째, 12번째, 18번째 칸입니다.

[메뉴 선택]

1 분식집에 있는 5가지 음식 중 2가지를 골라 주문하려고 합니다. 음식을 고르는 방법은 몇 가지가 있는지 표를 이용하여 구하시오. **10가지**

김밥	○	○	○	○					
떡볶이					○	○	○		
라면		○			○			○	○
냉면			○			○		○		○
어묵				○			○		○	○

[학원가는 날]

2 아인이는 2일에 한 번, 지오는 3일에 한 번 같은 학원을 갑니다. 아인이와 지오가 9월 1일에 학원에서 만났을 때, 9월 한 달 동안 학원에서 만나는 날은 며칠 더 있는지 표를 이용하여 구하시오. **4일**

날짜	1	2	3	4	5	6	7	8	9	10	11	12	13	14	15
아인	○		○		○		○		○		○		○		○
지오	○			○			○			○			○		

15일까지 표를 만들어 규칙을 찾아보면 두 사람이 6일에 한 번씩 만나는 것을 알 수 있습니다. 따라서 두 사람이 만나는 날은 9월 7일, 13일, 19일, 25일이므로 4일 더 있습니다.

(말풍선) 9월은 30일까지 있어.

---

⑤ 그림 그려 해결하기

지오네 모둠 아이들이 달리기 시험을 하였습니다.

(지오) 내 앞에는 3명이 있었어.
(초이) 내 뒤에는 3명이 있었어.
(초이) 지오와 나 사이에는 1명이 있었어.

아인이와 태경이는 서로 다르게 생각합니다.

(아인) 지오가 초이보다 앞에 달리고 있었겠네.
(태경) 그럴까? 평소에 뛰어 보면 초이가 더 빠른 걸?

아인이의 생각대로 지오가 더 앞에 달리고 있을 때, 지오와 초이의 위치를 찾아 ○ 안에 이름을 써넣으시오.

앞 ○ ○ ○ **지오** **초이** ○ ○ 뒤

태경이의 생각대로 초이가 더 앞에 달리고 있을 때, 초이와 지오의 위치를 찾아 ○ 안에 이름을 써넣으시오.

앞 ○ **초이** ○ **지오** ○ 뒤

❶ 초이는 앞에서 세어 보니 6번째에 서 있습니다. 뒤에서 세어 보니 4번째에 서 있습니다. 줄을 서 있는 사람은 모두 몇 명인지 그림을 완성하고 구하시오. **9명**

앞 ①번째 ②번째 ③번째 ④번째 ⑤번째 ●(초이) ○ ○ ○ 뒤

❷ 지오네 반 학생들 8명이 키 순서대로 나란히 서 있는데 지오의 앞에는 3명이 서 있습니다. 지오의 뒤에 있는 사람은 몇 명인지 그림을 그려 구하시오. **4명**

앞 ○ ○ ○ 지오 ○ ○ ○ ○ 뒤

노크 포인트

조건에 맞게 그림을 그려서 문제를 해결할 수 있습니다. 이때, 그림은 간단하게 그리는 것이 좋습니다.

① 앞에서 4번째, 뒤에서 3번째 있는 태경
② 기린과 타조가 5마리, 다리는 모두 18개

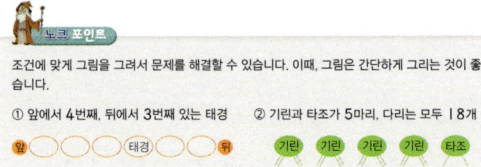

앞 ○ ○ ○ 태경 ○ ○ 뒤   기린 기린 기린 기린 타조

서 있는 위치 찾기

지오, 태경, 초이, 아인이가 버스 정류장에 서 있습니다. 대화를 보고 조건에 맞게 그림을 그려서 친구들의 위치를 찾아봅시다.

내 앞으로 네 명, 뒤로 2명이 줄을 서 있었어.

내가 갔을 때 이미 6명이 줄을 서 있었지.

나와 태경이 사이에 3명이 서 있었어.

내 바로 뒤에 초이가 서 있었어.

지오   태경   초이   아인

❶ 지오가 말한대로 줄을 서 있는 사람을 ◯로 그려 보시오.

앞 ◯ 아인 초이 ◯ 지오 ◯ 태경 뒤

❷ ❶에서 태경이의 위치를 찾아 ◯ 안에 이름을 써넣으시오.

❸ ❶에서 초이와 아인이의 위치를 찾아 ◯ 안에 이름을 써넣으시오.

[멀리 뛴 순서]

1 초이네 가족이 멀리뛰기를 하였습니다. 그림 위에 나머지 가족의 위치를 나타내어 보고, 가족 중 두 번째로 멀리 뛴 사람은 누구인지 쓰시오. **아버지**

ㄱ 초이는 동생보다 2칸 더 뛰었습니다.
ㄴ 아버지는 동생보다 4칸 더 뛰었고, 어머니보다 2칸 덜 뛰었습니다.

앞 ◯ ◯ 초이 ◯ 출발선
   어머니 아버지 동생

[빠르게 달리는 순서]

2 버스 4대가 다음과 같은 순서로 달리고 있습니다. 앞에 있는 순서대로 빈 곳에 알맞은 버스 번호를 써넣으시오.

• 4번 버스는 2번 버스의 앞에, 1번 버스의 뒤에 있습니다. 1 — 4 — 2
• 3번 버스는 1번 버스보다 앞에 있습니다. 3 — 1
→ 3 — 1 — 4 — 2

앞 3 1 4 2 뒤

맨 앞에 있는 버스부터 찾아봐!

동물과 다리 문제

마당에 닭과 강아지가 모두 5마리 있습니다. 다리를 세어 보니 다리는 모두 16개입니다. 닭과 강아지는 각각 몇 마리인지 구해 봅시다.

❶ 몸통 5개에 다리를 2개씩 그려 보시오. 동물 5마리의 다리가 모두 2개씩이라면 다리는 모두 몇 개입니까? **10개**

다리 2개는 ⦗⦘
다리 4개는 ⦗⦘
이렇게 그리는 거야.

❷ 다리가 16개가 되도록 그림에 다리를 2개씩 더 그려 보시오. 몇 마리에 다리를 더 그려야 합니까? **3마리**

❸ 마당에 닭과 강아지는 각각 몇 마리 있습니까?
닭: 2마리, 강아지: 3마리

닭은 다리가 2개~
강아지는 다리가 4개~

[닭과 소]

1 목장에 새로 들어 온 닭과 소는 모두 6마리이고, 다리는 20개였습니다. 새로 들어온 닭과 소는 각각 몇 마리입니까? **닭: 2마리, 소: 4마리**

6마리에 다리를 각각 2개씩 그린 다음, 모자란 다리 수만큼 더 그려야 해.

[자전거와 바퀴]

2 두발자전거와 세발자전거가 모두 7대 있습니다. 자전거의 바퀴가 모두 17개일 때, 두발자전거는 몇 대 있는지 구하시오. **4대**

바퀴가 모두 17개가 되도록 두발자전거에 바퀴를 1개씩 더 그려 봐.

6 여러 가지 방법으로 해결하기

어린이 대표 선거에 나온 후보 5명이 서로 한 번씩 악수를 하려고 합니다.

주인   아인   태경   초이   지오

그림 그려 해결하기

두 사람씩 악수하는 것을 선으로 이어서 악수를 모두 몇 번 하는지 세어 보시오. **10번**

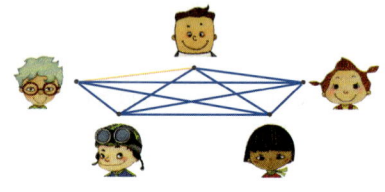

규칙 찾아 해결하기

사람이 1명씩 늘어날 때마다 악수하는 횟수가 늘어나는 규칙을 찾아 사람이 5명일 때 악수를 모두 몇 번 하는지 구해 보시오. **10번**

사람 수(명)	1	2	3	4	5
악수 횟수(번)	0	1	3	6	10

44 A4 해결전략

아인, 초이, 태경, 지오는 두 명씩 짝을 지어 배드민턴 경기를 하려고 합니다. 서로 한 경기씩 한다면 경기를 모두 몇 번 해야 합니까? **6번**

그림 그려 해결하기   **규칙 찾아 해결하기**

사람 수(명)	1	2	3	4
경기 수(번)	0	1	3	6

포인트

여러 가지 문제 해결 방법을 알고 있으면 처음 보는 문제를 다양한 방법으로 해결하는 힘을 기를 수 있습니다. 표 이용하기, 그림 그려 해결하기 외에도 직접 해 보기, 예상하여 해결하기, 규칙 찾아 해결하기와 같은 방법이 있습니다.

① 직접 해 보기
  3에서 3씩 4번 뛰어 센 수는? ➡ 3, 6, 9, 12, 15

② 예상하여 해결하기
  합이 10이고 차가 2인 두 수는?
  ➡ 5와 5는 차가 0이므로 5에서 1씩 각각 크고 작게 하면 6과 4이고 차는 2

③ 규칙 찾아 해결하기
  합이 20이고 차가 6인 두 수는?

큰 수	20	19	18	17	16	15	14	13
작은 수	0	1	2	3	4	5	6	7
차	20	18	16	14	12	10	8	6

  −2 −2 −2 −2 −2 −2 −2

Chapter 2 문제 해결 전략 45

예상하고 규칙 찾기

동물원에 타조와 기린이 6마리 있고, 다리가 모두 22개일 때 두 동물이 각각 몇 마리 있는지 두 가지 방법으로 구해 봅시다.

예상하여 해결하기

❶ 타조와 기린이 똑같이 3마리씩 있을 때, 다리의 수를 구하시오. **18개**
  타조가 3마리이면 다리는 모두 6개, 기린이 3마리이면 다리는 모두 12개이므로
  6+12=18(개)입니다.

❷ 다리가 모두 22개가 되려면 타조와 기린 중 어느 동물의 수를 늘려야 합니까? 그 동물의 수를 늘려서 타조와 기린이 각각 몇 마리인지 예상하여 구하시오.
  기린, 기린: 5마리, 타조: 1마리

규칙 찾아 해결하기

❶ 동물 6마리가 모두 타조이면 다리는 12개입니다. 타조를 기린으로 1마리씩 바꿀 때 다리 수의 합을 구하여 표를 완성해 보시오.

타조의 수(마리)	6	5	4	3	2	1
기린의 수(마리)	0	1	2	3	4	5
다리 수	12	14	16	18	20	22

❷ 기린이 1마리씩 늘어날 때마다 다리 수의 합은 얼마씩 늘어납니까? **2**

❸ 다리가 모두 22개이면 기린은 몇 마리입니까? **5마리**

46 A4 해결전략

[자동차와 자전거]

1 모형자동차와 모형자전거를 7대 만드는 데 바퀴가 26개 필요합니다. 만들어야 하는 모형자전거는 몇 대입니까? **1대**

7대가 모두 모형자동차이면 바퀴는 28개 필요합니다. 모형자동차 1대를 모형자전거 1대로 바꾸면 필요한 바퀴는 2개 줄어듭니다. 따라서 만들어야 하는 모형자전거는 1대입니다.

[명절 모임]

2 명절을 맞아 다섯 가족이 한 자리에 모였습니다. 각 가족은 3명 또는 4명이고 모인 사람은 모두 17명일 때, 3명인 가족은 몇 가족입니까? **3가족**
  다섯 가족이 모두 3인 가족이라고 생각하면 모인 사람은 모두 15명입니다. 3인 가족이 4인 가족으로 바뀔 때마다 모인 사람은 1명씩 늘어나므로 4인 가족은 2가족이고, 3인 가족은 5−2=3(가족)입니다.

다섯 가족이 모두 3인 가족이라고 생각하고 4명인 가족이 늘어날 때 모인 사람 수의 규칙을 찾아보면 간단하지.

Chapter 2 문제 해결 전략 47

🐷 여러 가지 해결 전략

태경이와 아인이가 사탕 15개를 나누어 가지려고 합니다. 태경이가 사탕을 7개 더 가지려면 사탕을 몇 개씩 나누어 가지면 되는지 여러 가지 방법으로 구해 봅시다.

예상하여 해결하기

합이 15, 차가 7인 두 수를 예상하고, 틀릴 경우 다시 예상하여 두 사람이 나누어 가지는 사탕의 수를 각각 구하시오. 태경: 11개, 아인: 4개

그림 그려 해결하기

태경이가 사탕을 7개 가지고 있을 때, 두 사람이 가진 사탕이 모두 15개가 되도록 양쪽에 ○를 같은 수만큼 그려 보시오.

규칙 찾아 해결하기

주어진 표를 완성하고, 아인이가 가지는 사탕이 1개씩 늘어날 때마다 두 사람이 가지는 사탕 수의 차가 줄어드는 규칙을 찾아 설명하시오. 사탕 수의 차는 2씩 줄어듭니다.

태경이 사탕(개)	15	14	13	12	11
아인이 사탕(개)	0	1	2	3	4
사탕 수의 차	15	13	11	9	7

[딸기 나누기]

1 딸기 농장에서 초이는 딸기 10개, 동생은 딸기 2개를 땄습니다. 두 사람이 가진 딸기의 수가 같아지려면 초이는 동생에게 딸기를 몇 개 주어야 합니까? 4개

초이가 딴 딸기　　　　동생이 딴 딸기

[아인이와 동생의 나이]

2 올해 아인이는 8살, 동생은 3살입니다. 아인이와 동생의 나이의 합이 23이 되는 해는 몇 년 후입니까? 6년

몇 년 후	올해	1년	2년	3년	……
아인이 나이(살)	8	9	10	11	……
동생 나이(살)	3	4	5	6	……
나이의 합	11	13	15	17	……

1년이 지날 때마다 두 사람의 나이의 합은 2씩 커집니다.
올해 두 사람의 나이의 합은 11살이고,
11+2+2+2+2+2+2=23이므로
6년 후에 두 사람의 나이의 합이 23이 됩니다.

> 두 사람의 나이의 합이 커지는 규칙을 찾아봐.

🦆 창의적 문제해결력

1 지오는 1점짜리와 3점짜리 문제를 모두 7개 맞혀서 15점을 받았습니다. 다음 표를 완성하고, 1점짜리와 3점짜리 문제를 각각 몇 개씩 맞혔는지 구하시오. 1점짜리 3개, 3점짜리 4개

맞힌 1점짜리 문제(개)	0	1	2	3	4	5	6	7
맞힌 1점짜리 문제 점수(점)	0	1	2	3	4	5	6	7
맞힌 3점짜리 문제(개)	7	6	5	4	3	2	1	0
맞힌 3점짜리 문제 점수(점)	21	18	15	12	9	6	3	0
점수의 합	21	19	17	15	13	11	9	7

2 어느 축구 대회에 참가한 팀이 서로 한 번씩 경기를 합니다. 다음은 참가한 축구 팀 수와 경기 수를 나타낸 표입니다. 참가한 팀이 9개일 때 경기는 모두 몇 번 해야 합니까? 36번

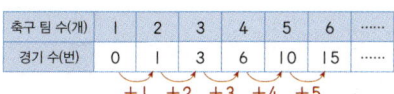

축구 팀 수(개)	1	2	3	4	5	6	……
경기 수(번)	0	1	3	6	10	15	……

　　　　　　+1　+2　+3　+4　+5

축구 팀이 1개씩 늘어날 때마다 경기 횟수는 1번, 2번, 3번, 4번, ……씩 늘어납니다. 따라서 축구 팀이 9개이면 경기 수는 15+6+7+8=36(번)입니다.

📍 **동영상 특강**
QR 코드를 찍어 보세요!

3 차가 2이고, 합이 15보다 큰 한 자리 수 2개가 있습니다. 두 수를 예상하여 해결하기 방법으로 구하시오. 9, 7

> 예상하기는 일단 한 번 해 보는 거야. 차가 2인 한 자리 수가 7과 5라면 합이 12, 15보다 작군.

두 수가 5, 7이면 두 수의 합은 12이므로 15보다 작습니다.
두 수가 6, 8이면 두 수의 합은 14이므로 15보다 작습니다.
두 수가 7, 9이면 두 수의 합은 16이므로 15보다 큽니다.

4 아인이와 친구들이 색종이로 장미꽃을 만들었습니다. 다음 설명을 보고, 장미꽃을 많이 만든 순서대로 이름을 쓰시오. 아인-태경-지오-초이

> ㉠ 아인이는 태경이보다 장미꽃이 1개 더 많습니다.
> ㉡ 태경이가 지오에게 장미꽃 1개를 주면 두 사람이 가진 장미꽃의 수가 같아집니다.
> ㉢ 아인이는 초이에게 장미꽃 2개를 주면 두 사람이 가진 장미꽃의 수가 같아집니다.

태경이가 지오에게 장미꽃 1개를 주면 장미꽃 수가 같아지므로 태경이는 지오보다 장미꽃 2개를 더 만들었습니다. 같은 방법으로 아인이는 초이보다 장미꽃 4개를 더 만들었습니다.
따라서 아인이는 장미꽃을 태경이보다 1개, 지오보다 3개, 초이보다 4개 더 만들었으므로 아인, 태경, 지오, 초이의 순서대로 장미꽃을 많이 만들었습니다.

정답 및 해설 **11**

논리 문제

7 연역표

초이, 태경, 아인이가 각자 집에서 키우는 애완동물을 한 마리씩 데리고 왔습니다.

초이의 애완동물은 작고 귀여운 햄스터라는 것을 쉽게 알 수 있습니다. 나머지 친구들의 애완동물을 찾아 선으로 이어 보시오.

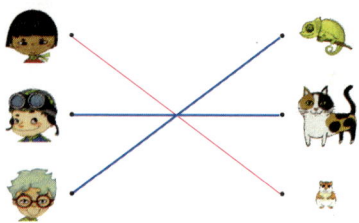

지오, 초이, 태경이는 딸기, 자두, 오렌지 중 서로 다른 과일을 하나씩 좋아합니다. 초이가 좋아하는 과일에 ○를, 태경이가 좋아하지 않는 과일에 ✕를 하였을 때, 나머지 표를 알맞게 채워 보시오.

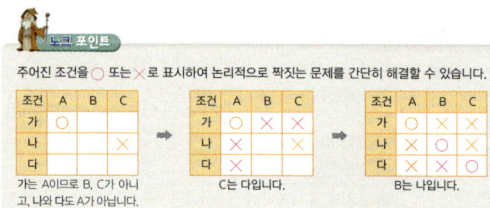

노크 포인트

주어진 조건을 ○ 또는 ✕로 표시하여 논리적으로 짝짓는 문제를 간단히 해결할 수 있습니다.

조건	A	B	C
가	○		
나			✕
다			

➡

조건	A	B	C
가	○	✕	✕
나	✕		
다	✕		

➡

조건	A	B	C
가	○	✕	✕
나	✕	○	✕
다	✕	✕	○

가는 A이므로 B, C가 아니고, 나와 다도 A가 아닙니다.

C는 다입니다.

B는 나입니다.

🐻 알맞게 짝짓기

태경, 아인, 지오는 어버이날 부모님께 선물할 카네이션을 고르려고 합니다. 세 친구가 흰색, 노란색, 빨간색 카네이션 중 하나씩 골라야 할 때, 지오가 고르는 카네이션의 색깔을 찾아봅시다.

난 빨간색 카네이션이 좋겠어.
태경

나는 노란색과 빨간색 꽃 중에 살래!
아인

나는 흰색과 노란색 중 한 가지 꽃을 살 거야.
지오

❶ 태경이는 빨간색 카네이션을 고릅니다. 오른쪽 표에서 태경이가 있는 세로줄에 알맞게 ○, ✕를 써넣으시오.

	태경	아인	지오
(흰색)	✕	✕	○
(노란색)	✕	○	✕
(빨간색)	○	✕	✕

❷ 아인이는 노란색과 빨간색 꽃 중에 하나를 고르고 싶어하지만 태경이가 이미 빨간색 카네이션을 골랐습니다. 표에서 아인이가 있는 세로줄에 알맞게 ○, ✕를 써넣으시오.

❸ 표의 나머지 빈칸에 알맞게 ○, ✕를 써넣고, 지오가 고르는 카네이션은 무슨 색인지 찾아 쓰시오. 흰색

[숫자 카드 놓기]

1 숫자 카드 3장을 주어진 조건에 맞게 나란히 놓을 때, 첫 번째에 놓이는 카드에 적힌 숫자를 구하시오. 7

조건
· 세 번째에 놓인 카드는 7이 아닙니다.
· 6, 7은 이웃한 위치에 있지 않습니다.

숫자 카드 6, 7이 이웃한 위치에 있지 않으므로 6, 7은 각각 첫 번째와 세 번째 중 하나입니다. 세 번째에 놓인 카드는 7이 아니므로 6이고, 첫 번째에 놓인 카드는 7이 됩니다.

[짝을 찾아라]

2 현석이네 모둠에는 남학생인 현석이, 선우, 동욱이와 여학생인 다연이, 소희, 지윤이가 있습니다. 남학생과 여학생이 한 명씩 짝을 지을 때, 다음 표를 알맞게 채워서 선우의 짝이 누구인지 찾아 쓰시오. 소희

· 다연이는 선우, 동욱이와 짝이 아닙니다.
· 동욱이는 소희와 짝이 아닙니다.

여학생＼남학생	현석	선우	동욱
다연	○	✕	✕
소희	✕	○	✕
지윤	✕	✕	○

🐷 숨은 의미 찾기

초이, 태경, 아인이는 빨간색, 파란색, 보라색 중 서로 다른 색을 하나씩 좋아합니다. 다음을 보고 누가 어떤 색깔을 좋아하는지 알아봅시다.

- 태경이는 파란색을 좋아하는 사람과 친합니다.
- 초이는 빨간색을 좋아하는 사람, 파란색을 좋아하는 사람과 함께 모여 숙제를 하였습니다.

❶ 문제의 조건에는 숨은 의미가 있습니다. 빈칸에 알맞은 말을 써넣으시오.

태경이는 파란색을 좋아하는 사람과 친합니다.
→ 태경이는 파란 색을 좋아하지 않습니다.

초이는 빨간색을 좋아하는 사람, 파란색을 좋아하는 사람과 함께 모여 숙제를 하였습니다.
→ 초이는 빨간 색과 파란 색을 좋아하지 않습니다.

❷ 표에 ○, ×를 알맞게 써넣어 세 친구가 좋아하는 색깔을 각각 찾아보시오.
초이: 보라색, 태경: 빨간색, 아인: 파란색

색깔\이름	빨간색	파란색	보라색
초이	×	×	○
태경	○	×	×
아인	×	○	×

초이는 빨강과 파랑을 뺀 나머지 한 색깔을 좋아해.

[성씨 맞히기]

1 초이, 지오, 아인이는 성이 모두 다릅니다. 다음 표를 알맞게 채워 보고, 지오의 성은 무엇인지 쓰시오. 이

- 초이는 이씨인 친구와 친합니다.
- 아인이는 박씨인 친구, 이씨인 친구와 함께 피아노를 배웁니다.

성\이름	초이	지오	아인
김	×	×	○
이	×	○	×
박	○	×	×

이초이라는 친구는 없어.

[아인이의 성적]

2 아인이의 세 과목 시험 성적은 각각 100점, 90점, 80점입니다. 다음을 보고 점수가 가장 높은 과목을 찾아 쓰시오. 수학

- 100점 만점인 국어 시험에서 아쉽게도 틀린 문제가 있습니다.
- 영어 시험 점수가 가장 낮습니다.

점수\과목	100점	90점	80점
국어	×	○	×
영어	×	×	○
수학	○	×	×

---

8 문제 만들기

초이가 사탕을 사서 태경이에게 3개 주고, 지오에게 5개 주었더니 세 사람이 가진 사탕이 모두 똑같이 6개가 되었습니다.

| 초이 | 태경 | 지오 |

아인이의 질문에 알맞은 식을 선으로 이어 보시오.

- 초이가 친구들에게 나누어 준 사탕은 모두 몇 개지? ──── 6-3=3
- 지오는 태경이보다 초이에게서 사탕을 몇 개 더 받은 거야? ──── 5-3=2
- 태경이가 원래 가지고 있던 사탕은 몇 개였어? ──── 3+5=8

다음 중 위의 상황만 보고 알 수 없는 것을 찾아 ○표 하시오.

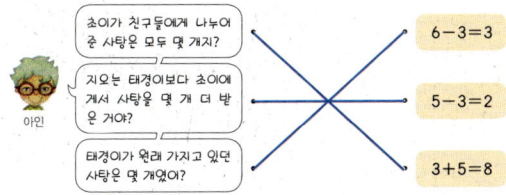

| 초이가 처음에 가지고 있던 사탕의 수 | (아인이가 가진 사탕의 수) |

아인이의 사탕 수에 대한 조건이 없으므로 아인이가 가진 사탕의 수는 알 수 없습니다.

🟢 문제에 알맞은 식을 찾아 선으로 이어 보시오.

지오는 빵 2조각, 아인이는 4조각, 태경이는 5조각을 먹었습니다.

- 태경이는 지오보다 빵을 몇 조각 더 먹었습니까? ──── 2+2=4
- 지오가 먹고 남은 빵이 2조각이면 처음 지오가 가지고 있던 빵은 몇 조각입니까? ──── 4+5=9
- 아인이와 태경이가 먹은 빵은 모두 몇 조각입니까? ──── 5-2=3

🧙 누구나 포인트

상황에 맞는 문제를 만들 수 있습니다.

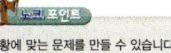

① 덧셈 문제 만들기
- 사탕은 모두 몇 개입니까?
- 파란 사탕과 빨간 사탕의 수를 더하면 몇 개입니까?
  식: 5+3=8(개) 답: 8개

② 뺄셈 문제 만들기
- 파란 사탕은 빨간 사탕보다 몇 개 더 많습니까?
- 빨간 사탕은 파란 사탕보다 몇 개 더 적습니까?
  식: 5-3=2(개) 답: 2개

🐜 그림 문제

필통 안에 들어 있는 학용품을 보고 문제를 만들어 봅시다.

지우개

연필

색연필

❶ 다음 식에 알맞은 문제를 만들어 보시오.

$$9+5=14$$

> 문제
> **예** 글씨를 쓸 수 있는 학용품은 모두 몇 개입니까?
> 연필과 색연필은 모두 몇 개입니까?

❷ 학용품을 보고 초이가 어떤 문제를 내자 아인이가 다음과 같이 대답했습니다. 아인이의 답에 맞게 초이가 낸 문제를 만들어 보시오.

? 초이

3개 아인

> 문제
> **예** 색연필은 지우개보다 몇 개 더 많습니까?
> 지우개는 색연필보다 몇 개 더 적습니까?

[답에 맞는 문제 만들기]

1 다음 그림을 보고 주어진 답에 맞는 문제를 만들어 보시오.

문제	**예** 샌드위치와 도넛은 모두 몇 개입니까?	**예** 햄버거는 도넛보다 몇 개 더 많습니까?
답	7개	2개

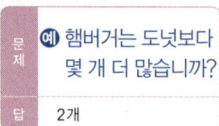

먼저 햄버거, 샌드위치, 도넛의 수를 세어 봐.

[문제 만들고 풀기]

2 그림을 보고 다음과 같이 문제를 만들고 풀어 보시오.

문제: 티셔츠와 바지는 모두 몇 장입니까?
식: $3+2=5$(장)

> 문제
> **예** 모자는 바지보다 몇 개 더 많습니까?
> 식 $4-2=2$(개)

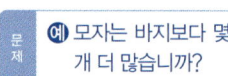

🐜 잘못 만든 문제

태경이가 아인이에게 연필 몇 자루를 선물하였습니다. 그림에 알맞은 설명과 문제를 찾아보고 문제를 풀어 봅시다.

태경   아인

❶ 그림에 대한 설명 중 잘못된 것에 ✕표 하시오.

태경이는 가지고 있던 연필의 절반을 아인이에게 선물하였습니다.	태경이가 아인이에게 선물을 한 후 두 사람이 가진 연필 수의 합은 더 커졌습니다.	아인이가 처음에 가지고 있던 연필보다 태경이가 아인이에게 준 연필이 더 많습니다.

❷ 그림을 보고 여러 가지 문제를 만들었습니다. 풀 수 있는 문제는 답을 써넣고, 풀 수 없는 문제는 ✕표 하시오.

• 원래 태경이는 아인이보다 연필을 몇 자루 더 가지고 있었습니까? 7자루

• 선물을 받은 후 아인이의 연필은 몇 자루가 되었습니까? 8자루

• 선물한 연필 중 아인이가 직접 고른 것은 몇 개입니까? ✕

[조건과 문제]

1 조건에 알맞은 문제를 찾아 선으로 이어 보시오.

태경이는 떡을 10개 샀고, 아인이는 떡을 8개 샀습니다.	지오가 처음에 가지고 있던 떡은 몇 개입니까?
초이는 떡 12개 중에서 4개를 지오에게 주었습니다.	떡은 몇 개 남아 있습니까?
지오는 초이에게 떡 4개를 받아 떡이 9개가 되었습니다.	두 사람이 산 떡은 모두 몇 개입니까?

[잘못된 문제]

2 다음 식을 보고 문제를 만든 것 중 잘못된 것을 고르시오. ③

$$5+7=12$$

① 올해 5살인 동근이는 7년 후에 몇 살입니까?

② 지수는 5일 동안 운동을 하였습니다. 일주일 동안 운동을 더 하면 모두 며칠 동안 운동을 하게 됩니까?

③ 연재는 윗몸일으키기를 5번씩 7회 반복했습니다. 윗몸일으키기를 모두 몇 번 하였습니까?

④ 정민이네 가족 5명과 민정이네 가족 7명이 함께 여행을 갑니다. 모두 몇 명이 여행을 갑니까?

③ $5+5+5+5+5+5+5=35$(번)
$5×7=35$(번)

14   A4 해결전략

9 긍정과 부정

수학 마법책 노크를 훔쳐간 범인을 찾던 대마법사 멀린은 근처에 있는 요괴 셋을 붙잡았습니다. 꼬마 요괴들은 "네", "아니요"로만 대답합니다.

세 요괴 중 노크를 본 적이 있는 요괴를 모두 찾아 이름을 쓰시오.
거꾸로 요괴, 장난 요괴

세 요괴 중 물건을 훔친 적이 있는 요괴를 모두 찾아 이름을 쓰시오.
장난 요괴, 한입 요괴

범인은 누구입니까? 장난 요괴

질문과 대답을 보고 숙제를 다 끝낸 사람을 찾아 쓰시오. 지오

질문과 대답을 보고 강아지를 키우지 않는 사람을 찾아 쓰시오. 아인

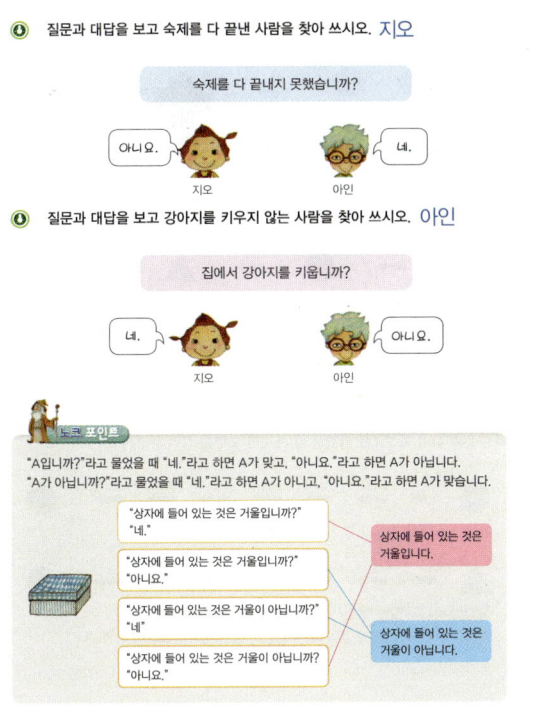

노크 포인트

"A입니까?"라고 물었을 때 "네."라고 하면 A가 맞고, "아니요."라고 하면 A가 아닙니다.
"A가 아닙니까?"라고 물었을 때 "네."라고 하면 A가 아니고, "아니요."라고 하면 A가 맞습니다.

일대일 연결

지오와 친구들은 각각 택시, 승용차, 버스, 지하철 중 하나씩을 타고 박물관으로 갔습니다. 다음을 보고 네 사람이 각각 무엇을 타고 왔는지 알아봅시다.

❶ 네 친구의 이름과 탈 것을 나란히 적었습니다. 태경이가 타고 온 것을 찾아 선으로 이어 보시오.

❷ 남은 세 가지 탈 것 중 아인이가 타고 온 것을 찾아 선으로 이어 보시오.
태경이는 지하철을 타고, 아인이는 택시, 승용차, 버스 중 버스와 택시를 좋아하지 않으므로 승용차를 타고 옵니다.

❸ 지오와 초이가 타고 온 것을 각각 찾아 선으로 이어 보시오.
지오는 버스를 좋아하지 않으므로 택시를 타고, 초이는 버스를 타고 옵니다.

[서로 다른 악기]
1 지오, 초이, 태경이는 서로 다른 악기를 한 가지씩 연주할 수 있습니다. 아이들이 연주할 수 있는 악기를 찾아 선으로 이어 보시오.

• 지오는 줄을 튕기는 악기를 연주할 수 있습니다.
• 초이는 입으로 부는 악기를 연주하지 못합니다.

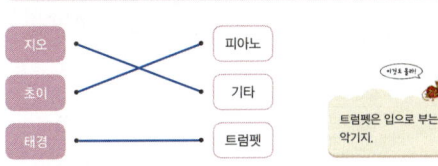

지오는 기타를 연주할 수 있습니다. 초이는 남은 두 악기 중 트럼펫을 연주하지 못하므로 피아노를 연주할 수 있습니다.

[방과 후 목적지]
2 지오, 초이, 아인이는 학교를 마치고 각각 다른 곳으로 갑니다. 아이들이 오늘 가는 곳을 찾아 선으로 이어 보시오.

• 지오는 이틀에 한 번 수영장에 가는데 어제 다녀왔습니다.
• 아인이는 내일 수학 시험이 있어 오늘 학원에 갑니다.

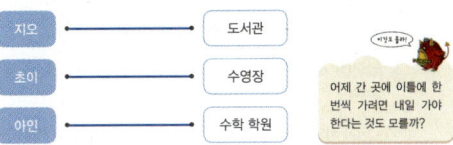

아인이는 수학 학원에 가고 지오는 어제 간 수영장 대신 남은 장소인 도서관에 갑니다.

정답 및 해설 **15**

웅아니 웅웅아니

70
71

다음 화살표 규칙을 보고 알맞은 모양을 찾아봅시다.

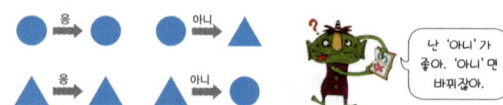

난 '아니'가
좋아. '아니'면
바뀌잖아.

❶ □ 안에 알맞은 모양을 그려 넣으시오.

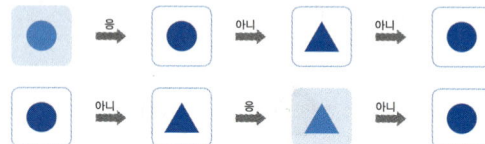

'웅'일 때는 모양이 바뀌지 않고, '아니'일 때는 모양이 바뀌는 규칙입니다.

❷ 다음과 같이 화살표를 지났을 때 마지막 모양을 그려 넣으시오.

모양이 바뀌지 않는 '웅'은 몇 개라도 상관없습니다.
'아니'가 짝수 개이면 모양이 바뀌지 않고, 홀수 개이면 모양이 바뀝니다.

[네, 아니요 규칙]

1 규칙을 찾아 빈칸을 알맞게 채워 보시오.

할아버지   할머니

'네' 화살표에서는 할아버지나 할머니가 바뀌지 않고, '아니요' 화살표에서는 할아버지가 할머니로, 할머니가 할아버지로 바뀝니다.

[점 콕 또는 점 콕콕]

2 빈 곳에는 점이 1개 또는 2개가 들어갑니다. 화살표의 색깔을 보고 빈 곳에 점을 알맞게 그려 넣으시오.

➡️ : 네   ➡️ : 아니요

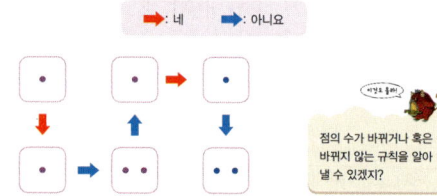

점의 수가 바뀌거나 혹은
바뀌지 않는 규칙을 알아
낼 수 있겠지?

점은 항상 1개 또는 2개입니다. '네' 화살표에서는 점의 수가 바뀌지 않고, '아니요' 화살표에서는 점의 수가 바뀝니다.

창의적 문제해결력

72
73

1 세 반이 서로 한 번씩 축구 경기를 해서 이긴 경기 수로 순위를 정합니다. 경기 결과를 보고 각 반별로 이긴 경기는 ○, 진 경기는 ×를 써넣어 표를 완성하고, 순위가 높은 반부터 차례로 써넣으시오.

경기 결과
1반 : 2반 = 1 : 2
2반 : 3반 = 2 : 1
1반 : 3반 = 2 : 0

반	상대팀			이긴 횟수(번)
	1반	2반	3반	
1반	−	×	○	1
2반	○	−	○	2
3반	×	×	−	0

2반 — 1반 — 3반

2 지오는 복숭아 5개, 아인이는 사과 6개, 태경이는 참외 3개를 가지고 있습니다. 다음 중 잘못된 것을 고르시오. ㉣

㉠ 지오가 아인이에게 복숭아 4개를 주면 아인이의 과일은 10개가 됩니다.
㉡ 아인이가 태경이에게 사과 2개를 주면 태경이가 아인이보다 더 많은 과일을 가지게 됩니다.
㉢ 지오가 태경이에게 복숭아 3개를 주면 아인이와 태경이가 가진 과일 수가 같아집니다.
㉣ 태경이가 지오에게 참외 2개를 주면 지오와 아인이가 가진 과일 수가 같아집니다.

㉣ 태경이가 지오에게 참외 2개를 주면 지오는 과일 5+2=7(개), 아인이는 과일 6개로 수가 같지 않습니다.

📍 동영상 특강
QR 코드를 찍어 보세요!

3 지오와 친구들은 다른 것을 하나씩 먹습니다. 아이들이 먹는 것을 찾아 선으로 이어 보시오.

• 초이는 치킨을 먹는 친구, 초콜릿을 먹는 친구와 함께 먹습니다.
• 아인이는 치킨을 먹지 않습니다.
• 지오는 밥이 들어간 음식을 먹습니다.

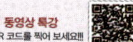
지오   아인   초이   태경

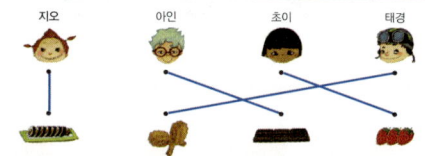

초이는 치킨과 초콜릿을 먹지 않으므로 김밥과 딸기를 먹을 수 있는데 지오가 김밥을 먹으므로 초이는 딸기를 먹습니다.

4 그림이 바뀌는 규칙을 찾아 빈칸에 알맞은 그림을 그리시오.

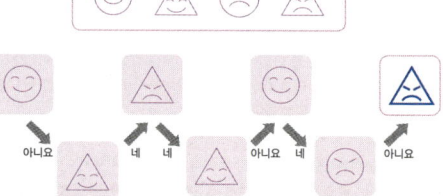

'네' 화살표에서는 얼굴 표정이 바뀌고, '아니요' 화살표에서는 얼굴 모양이 바뀝니다.

16   A4 해결전략

10 자리 찾기

76
77

초이가 친구들에게 유치원 때의 사진을 보여주었습니다.

초이 초이

오른쪽 두 번째가 나야. 왼쪽 끝에 있는 친구는 나랑 가장 친했던 친구이고, 바로 오른쪽 옆 친구는 장난을 심하게 쳤어.

이 사진은 줄을 서 있는 거야. 내 바로 뒤의 친구는 나랑 가장 많이 싸웠어. 내 앞의 친구는 나를 좋아했어.

다음 중 초이가 유치원에 다닐 때 가장 친했던 친구에 ◯표, 가장 많이 싸웠던 친구에 △표 하시오.

다섯 종류의 과일이 있습니다. 설명을 보고 빈칸에 알맞은 과일 이름을 써넣으시오.

- 딸기 왼쪽에는 아무 것도 없습니다.
- 바나나는 포도의 왼쪽에 있고, 바나나와 포도 사이에는 과일이 2개 있습니다.
- 파인애플의 바로 오른쪽 옆에는 참외가 있습니다.

| 딸기 | 바나나 | 파인애플 | 참외 | 포도 |

딸기 왼쪽에 아무 것도 없으므로 딸기는 맨 왼쪽에 있습니다.
나머지 네 자리 중 바나나와 포도 사이에 과일 2개가 있고, 바나나는 포도의 왼쪽에 있으려면 포도는 맨 오른쪽, 바나나는 왼쪽 끝에서 두 번째에 있습니다.

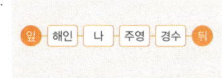
왼쪽 오른쪽

톡톡 포인트

주어진 조건에 맞게 자리를 찾을 수 있습니다. 자리를 찾을 때는 간단한 그림을 그린 다음 앞, 뒤, 오른쪽, 왼쪽, 사이와 같이 방향이나 위치를 나타내는 조건에 맞게 그림을 완성합니다.

조건
해인이는 내 앞에, 주영이는 내 뒤에 서 있습니다.

→ | 앞 | 해인 | 나 | 주영 | 뒤 |

경수는 주영이 뒤에 서 있습니다.

→ | 앞 | 주영 | 경수 | 뒤 |

| 앞 | 해인 | 나 | 주영 | 경수 | 뒤 |

 달리기 순위

78
79

울보, 딴소리, 한입, 장난 요괴가 달리기를 했습니다. 설명을 보고 꼬마 요괴들의 달리기 등수를 각각 알아봅시다.

내 뒤에는 아무도 없어. 영영.

나는 한입과 장난 사이에서 달리고 있었어.

내 바로 뒤에는 울보가 있었어.

울보 요괴 딴소리 요괴 한입 요괴

❶ 맨 뒤에 달리고 있는 꼬마 요괴는 누구입니까? 울보 요괴
울보 요괴의 뒤에 아무도 없으므로 맨 뒤에 달리고 있는 꼬마 요괴는 울보 요괴입니다.

❷ 딴소리 요괴의 설명을 보고 1등, 2등, 3등으로 가능한 두 가지 경우를 찾아 이름을 써넣으시오.

	1등	2등	3등
경우1	한입	딴소리	장난
경우2	장난	딴소리	한입

❸ 한입 요괴의 설명을 보고, 등수에 맞게 이름을 써넣으시오.

1등	2등	3등	4등
장난	딴소리	한입	울보

한입 요괴의 바로 뒤에 울보 요괴가 있으므로 한입 요괴가 3등입니다.

[병원 찾기]

1 안과, 치과, 소아과, 피부과의 위치를 찾아 써넣으시오.

- 피부과는 치과와 안과 사이에 있습니다.
- 소아과는 피부과와 안과 사이에 있습니다.

    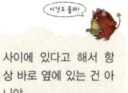

| 안과 | 소아과 | 피부과 | 치과 |

사이에 있다고 해서 항상 바로 옆에 있는 건 아니야.

피부과가 안과의 바로 오른쪽 옆에 있게 되면 소아과는 피부과와 안과 사이에 있을 수 없게 됩니다.

[키 순서 번호]

2 아인, 지오, 초이, 태경이는 키 순서로 번호를 받기로 하였습니다. 다음 설명을 보고 키가 큰 순서대로 ☐ 안에 1부터 4까지 써넣으시오.

- 아인이는 태경이보다 키가 작고 지오보다 키가 큽니다.
- 초이는 아인이보다 키가 크고 태경이보다 작습니다.

아인 지오 초이 태경

| 3 | 4 | 2 | 1 |

태경 > 아인 > 지오
태경 > 초이 > 아인
→ 태경 > 초이 > 아인 > 지오

우리 동네 약도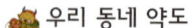

약도를 그려서 동네에 있는 여러 가게의 위치를 나타내려고 합니다. 약도의 빈 곳에는 각각 어떤 가게가 있는지 알아봅시다.

> 편의점에서 약국으로 가려면 길을 건너야 돼. 약국의 왼쪽에 과일 가게가 있어.

> 꽃 가게는 길을 사이에 두고 약국과 마주 보고 있어.

> 문구점은 길을 사이에 두고 과일 가게와 마주 보고 있어.

초이   아인   지오

| 문구점 | 꽃 가게 | 편의점 |
| 과일 가게 | 약국 | |

❶ 초이의 설명을 보고 약국과 과일 가게를 약도의 빈 곳에 알맞게 써넣으시오.
편의점 건너편에 있는 두 곳 중 한 곳이 약국이고, 약국의 왼쪽에 과일 가게가 있으므로 약도에서 왼쪽 건물이 과일 가게, 오른쪽 건물이 약국입니다.

❷ 아인이와 지오의 설명의 보고 꽃 가게와 문구점을 약도의 빈 곳에 알맞게 써넣으시오.
길을 사이에 두고 꽃 가게는 약국과 마주 보고, 문구점은 과일 가게와 마주 보고 있습니다.

[누가 몇 층에 살까]

1 초이, 아인, 태경, 지오는 모두 같은 4층짜리 건물의 다른 층에 삽니다. 설명을 보고 누가 몇 층에 사는지 찾아 빈 곳에 이름을 써넣으시오.

> • 초이는 맨 아래층에 삽니다.
> • 초이는 지오와 이웃하는 층에 있지 않습니다.
> • 지오와 태경이는 이웃하는 층에 있습니다.
> • 아인이가 지오를 보려면 한 층을 올라가야 합니다.

4층	태경
3층	지오
2층	아인
1층	초이

초이는 1층에 삽니다.
초이는 지오와 이웃하는 층에 살지 않으므로 지오는 3층 또는 4층에 삽니다.
지오는 아인이보다 한 층 위에 있으므로 (지오, 아인)은 (3층, 2층) 또는 (4층, 3층)입니다. 이 중 지오와 태경이가 이웃하려면 지오가 3층에 사는 경우입니다.

> 아인이가 지오보다 한 층 아래에 있나 봐!

[가게의 위치]

2 과일 가게, 채소 가게, 생선 가게, 정육점이 있습니다. 설명을 보고 빈 곳에 알맞은 가게의 이름을 써넣으시오.

> • 정육점에서 채소 가게에 가려면 길을 건너야 합니다.
> • 채소 가게는 길을 사이에 두고 생선 가게와 마주 보고 있습니다.

| 정육점 | | 생선 가게 |
| 과일 가게 | 채소 가게 | |

정육점 길 건너편에 있는 두 곳 중 한 곳이 채소 가게이고, 생선가게와 채소 가게가 마주 보고 있으므로 약도에서 왼쪽이 과일 가게, 오른쪽이 채소 가게입니다.

---

11 방향 배치

지도에 방향을 나타낼 때는 오른쪽과 같이 숫자 4를 닮은 모양을 그리고, 동쪽, 서쪽, 남쪽, 북쪽의 동서남북을 표시합니다.

북 / 서 4 동 / 남

아인이가 동서남북 방향을 이용해서 집 주변의 건물을 설명하고 있습니다.

> 우리 집 동쪽에 오체국이 있고, 남쪽에 은행이 있어요. 은행은 병원의 서쪽에 있어요.

태경이가 아인이네 집을 찾아오다가 아인이에게 전화를 했습니다. ( ) 안의 말 중 알맞은 것을 찾아 ○표 하시오.

태경

> 지금 병원 앞에서 서쪽을 바라보고 서 있는데 앞에는 (⊙은행, 우체국)이 있고, 오른쪽에는 (은행, ⊙우체국)이 있어.
> 앞으로 길을 건넌 다음 (동쪽, 서쪽, 남쪽, ⊙북쪽)으로 길을 한 번 더 건너면 되는 거지?

🟢 초이 어머니께서는 초이의 생일을 맞아 생일상을 차려 주셨습니다. 그림을 보고 알맞은 위치를 찾아 ○표 하시오.

• 두부는 미역국의 (동쪽 , 서쪽 , 남쪽 , ⊙북쪽)에 있습니다.

• 생선은 케이크의 (동쪽 , ⊙서쪽 , 남쪽 , 북쪽)에 있습니다.

톡톡 포인트

동서남북 방향은 기준이 되는 위치가 4 모양의 가운데라고 생각하면 됩니다.

오른쪽 지도에서
102동의 북쪽에 101동, 남쪽에 103동,
동쪽에 105동이 있습니다.
105동에서는 서쪽에 102동이 있고, 북쪽에
106동, 남쪽에 104동이 있습니다.

101동	106동
102동	105동
103동	104동

동물 우리 배치

84
·
85

동물원에 네 종류의 동물이 사는 우리가 다음과 같이 있습니다. 설명을 보고 각 동물의 위치를 알아봅시다.

> ㉠ 늑대는 여우의 북쪽에 붙어 있습니다.
> ㉡ 호랑이는 여우를 공격해서 서로 붙어 있지 않습니다.
> ㉢ 사자의 서쪽에는 붙어 있는 우리가 없습니다.

❶ ㉠을 보고 우리에 늑대, 여우의 이름을 두 가지 경우로 쓰시오.

늑대와 여우는 남북으로 붙어 있군. 늑대는 북쪽, 여우는 남쪽.

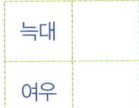

❷ 나머지 두 조건을 보고 각 동물의 위치를 쓰시오.

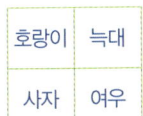

호랑이는 늑대 옆에 있는 게 확실하군.

사자의 서쪽에 붙어 있는 우리가 없으려면 사자가 서쪽 우리에 들어가야 합니다.

늑대는 여우의 북쪽, 사자는 서쪽이 되도록 우리를 배치합니다.

[가구 배치]

1 지오네 집은 봄맞이 대청소에서 거실에 놓인 가구의 위치를 바꾸려고 합니다. ☐ 안에 가구나 물건의 이름을 알맞게 써넣으시오.

> • 에어컨과 소파는 가장 멀리 떨어지게 놓았어요.
> • TV는 소파의 서쪽에 두었어요.
> • 화분은 햇볕을 받아야 해서 남쪽에 두었어요.

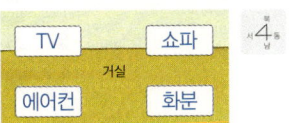

TV가 소파의 서쪽에 있으려면 소파는 거실에서 동쪽에 있어야 합니다.

[집 찾기]

2 설명을 보고 친구들의 집을 찾아 ☐ 안에 이름을 써넣으시오.

> • 초이네 집 남쪽에 태경이네 집이 있습니다.
> • 지오네 집 북쪽에는 아인이네 집이 있고, 서쪽에는 태경이네 집이 있습니다.

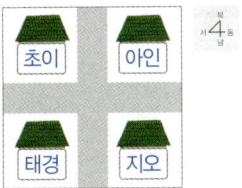

두 번째 설명에서 지오의 집은 네 집 중 남쪽, 동쪽에 있어야 합니다.

동서남북 몇 번째

86
·
87

지오네 가족과 태경이네 가족이 캠핑을 갔습니다. 캠핑장 지도에서 지오네 가족과 태경이네 가족의 텐트의 위치를 찾아봅시다.

우리 텐트는 입구에서 동쪽으로 8번째 줄, 북쪽으로 3번째 줄에 있어. 태경이네 텐트는 우리 자리에서 서쪽으로 5번째 줄에 있어.
지오

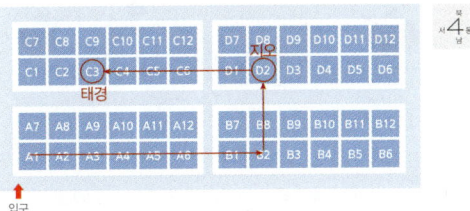

❶ 지오네 텐트 자리의 기호를 쓰시오. **D2**

❷ 태경이네 텐트 자리의 기호를 쓰시오. **C3**

❸ 태경이네 자리를 입구에서 찾아오는 방법을 설명한 것입니다. 빈칸에 알맞은 수를 써넣으시오.

> 동쪽으로 **3** 번째 줄, 북쪽으로 **3** 번째 줄에 있습니다.

[자리 설명]

1 초이, 지오, 아인, 태경이는 같은 반입니다. 설명을 보고 네 친구들의 자리를 각각 찾아 ○표 하시오.

> 초이 : 1번째 줄 가운데 자리가 내 자리야.
> 지오 : 초이 자리에서 서쪽으로 두 칸 이동하면 내 자리야.
> 아인 : 내 자리는 지오 자리에서 북쪽으로 세 칸 이동한 위치에 있지.
> 태경 : 난 아인이 자리에서 동쪽으로 두 칸 이동한 자리야.

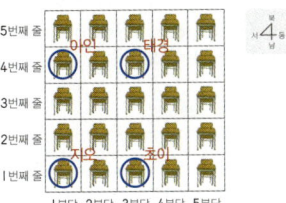

[한 동네 이사]

2 동욱이는 서쪽으로 2블록, 남쪽으로 1블록 옮긴 집으로 이사를 했습니다. 이사 오기 전에 동욱이네 집은 어디였는지 ○표 하시오.

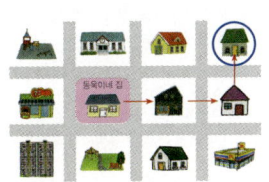

방향을 거꾸로 생각해.

이사한 방향을 거꾸로 생각해 보면 옛날 집은 현재 집에서 동쪽으로 2블록, 북쪽으로 1블록 옮긴 곳에 있습니다.

정답 및 해설 **19**

12 순서쌍 좌표

다음에서 설명하는 나는 어디에 있는 동물일까요? 표의 가로줄을 1, 2, 3, 4, 세로줄을 A, B, C, D로 정했습니다.

- 세로줄 B에는 나와 같은 동물이 없습니다.
- 나는 염소나 다람쥐가 아닙니다.
- 나는 가로줄 3에 있지 않습니다.

표에서 세로줄 B에 있는 동물과 같은 동물을 찾아 모두 ×표 하시오.

염소와 다람쥐에 모두 ×표 하시오.

나는 어떤 종류의 동물입니까? <u>소</u>

☐ 안에 알맞은 숫자나 기호를 써넣으시오.

> 나는 세로줄 ☐D☐, 가로줄 ☐4☐ 에 있습니다.

 다음은 태경이와 아인이가 다니는 체육관의 운동 시간표입니다. 설명을 보고 이번 주에 태경이와 아인이가 함께 한 운동을 찾아 쓰시오. <u>테니스</u>

- 태경이와 아인이는 이번 주 8시에 함께 체육관에 갔습니다.
- 태경이와 아인이가 체육관에 간 날에는 야구 시간이 없었습니다.

	월	화	수	목	금
6시	배드민턴	배드민턴	야구	축구	야구
7시	야구	농구	축구	탁구	탁구
8시	농구	테니스	수영	야구	축구
9시	탁구	탁구	탁구	태권도	줄넘기

야구는 월, 수, 목, 금요일에 있으므로 야구 시간이 없는 날은 화요일입니다. 화요일 8시의 수업은 테니스입니다.

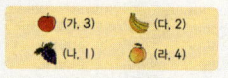 포인트

세로줄과 가로줄에 숫자나 기호를 정하여 위치를 나타낼 수 있습니다.

오른쪽 표에 놓인 과일의 위치를 (,)를 사용하여 다음과 같이 나타낼 수 있습니다.

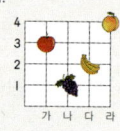

🍎 (가, 3) 🍌 (다, 2)
🍇 (나, 1) 🍐 (라, 4)

이와 같이 (세로줄 번호, 가로줄 번호)로 위치를 나타내는 것을 순서쌍이라고 합니다.

정류장까지의 거리

태경이네 집 근처의 버스 정류장을 지도에 나타내고, 집에서 가장 가까운 정류장과 가장 먼 정류장을 각각 알아봅시다.

> 우리 집 근처에는 버스 정류장이 4군데 있어.

❶ 오른쪽 표는 지도를 간단하게 나타낸 것입니다. 태경이네 집 근처의 버스 정류장의 위치를 표에 모두 표시하시오.

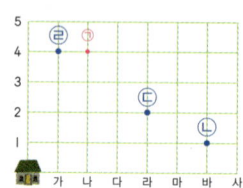

버스 정류장의 위치

㉠ (나, 4)   ㉡ (바, 1)
㉢ (라, 2)   ㉣ (가, 4)

❷ 표의 가로와 세로 1칸의 길이가 모두 같고, 표의 선을 따라 길이 나 있을 때, 집에서 가장 가까운 정류장의 기호를 쓰시오. <u>㉣</u>

❸ 집에서 가장 먼 정류장의 기호를 쓰시오. <u>㉡</u>
표에서 가로, 세로 한 칸의 길이를 1이라 할 때, 각 정류장까지의 거리는
㉠: 6, ㉡: 7, ㉢: 6, ㉣: 5

[바둑돌 그리기]

1 지오와 아인이가 함께 오목을 두고 있습니다. 지오는 흰 돌, 아인이는 검은 돌일 때, 두 사람의 생각을 보고 알맞은 위치에 바둑돌을 하나씩 그려 넣으시오

> (사, 3) 자리에 두어서 바둑돌을 가로로 히 5개를 만들 거야.

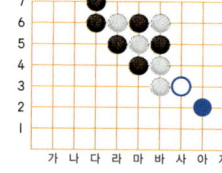

> 흰 돌이 다섯 개가 되는 걸 막으려면 (아, 2) 자리에 두어야지!

지오   아인

[점 연결하기]

2 다음과 같은 순서대로 점을 찍고 차례대로 점을 선으로 연결해 보시오.

(가, 4) → (다, 5) → (라, 7) →
(마, 5) → (사, 4) → (마, 3) →
(바, 1) → (라, 2) → (나, 1) →
(다, 3) → (가, 4)

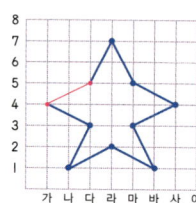

---

92 93

🐻 숨은 그림 찾기

세로줄과 가로줄에 번호를 정하고, (세로줄 번호, 가로줄 번호)와 같이 위치를 나타낸 것을 순서쌍이라고 합니다.

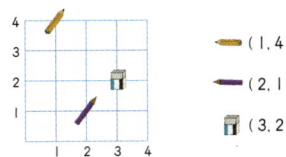

 (1, 4)
(2, 1)
(3, 2)

숨은 그림을 찾아 위치를 순서쌍으로 표시하시오.

🖊 (6, 8)   ✂ (3, 4)   🪥 (8, 2)
🥄 (5, 1)   🧴 (9, 8)   ⚾ (1, 5)

1 [순서쌍 나타내기]
장난감들이 어디 있는지 순서쌍으로 위치를 표시해 보시오.

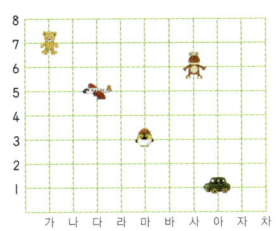

🐻 (가 , 7)
🦞 (다 , 5)
🦆 (마 , 3)
🐵 (사 , 6)
🐢 (아 , 1)

2 [어디 숨어 있을까]
숨은 그림을 찾아 위치를 순서쌍으로 표시하시오.

🎵 (5 , 4)
🥄 (2 , 3)
💛 (4 , 7)
🍃 (7 , 5)

94 95

👧 창의적 문제해결력

1 고깃집, 횟집, 중국집, 분식집이 나란히 있습니다. 설명을 보고 위치를 찾아 써넣으시오.

- 중국집은 분식집의 오른쪽에 있습니다.
- 고깃집은 중국집과 분식집 사이에 있습니다.
- 분식집의 왼쪽에는 횟집이 있습니다.

분 — 중
분 — 고 — 중
횟 — 분 — 고 — 중

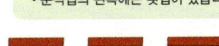

횟집 분식집 고깃집 중국집

2 길가에 있는 집의 위치를 설명한 것 중 잘못된 것을 고르시오. ④

① 지수네에서 연재네로 가려면 길을 건너서 서쪽으로 가야 합니다.
② 동욱이네의 서쪽에는 선우네가 있고, 동쪽에는 지수네가 있습니다.
③ 동욱이네와 지수네가 이웃하고, 연재네와 민정이네도 이웃합니다.
④ 다연이네에서 길을 건너 서쪽으로 가면 동욱이네가 있습니다.

다연이네에서 길을 건너 서쪽이 아닌 동쪽으로 가야 동욱이네가 있습니다.

📍 동영상 특강
QR 코드를 찍어 보세요!!!

3 ☐ 안에 알맞은 수나 말을 써넣으시오.

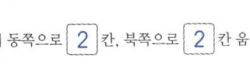

- 고양이는 토끼가 있는 곳에서 동쪽으로 **2** 칸, 북쪽으로 **2** 칸 움직이면 됩니다.
- 강아지는 원숭이가 있는 곳에서 서쪽으로 **5** 칸, **북** 쪽으로 3칸 움직이면 됩니다.

4 지오는 태경이와 아인이가 갔던 곳을 지나가지 않고, 초이가 있는 곳까지 가려고 합니다. 지오가 갈 수 있는 가장 짧은 길을 그려 보시오.

내가 갔던 곳에 얼굴을 그려 놓았지.
태경 지오 초이 아인
내가 갔던 곳은 (나, 1) (다, 2)야.

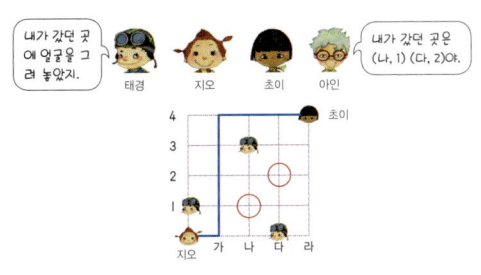

정답 및 해설 **21**

MEMO

MEMO

MEMO

누구나 쉽고 재미있게
사고력
수학
노크

정답및 해설

해결 전략

A4
(8~9세)

누구나 쉽고 재미있게
사고력
수학

노크